0 —ゼロ—

からわかる！

金利＆為替

超入門

株式会社マネネCEO／
経済アナリスト
森永康平 監修

ソシム

Understanding
How to Interest R

金利はどこに影響するの？

金利がわかれば "視野" が広がる

金利が変動する理由や、どのような影響が生じるのかを知ることで、
金融のしくみと経済の流れがわかります。

モノの値段が上がっているなあ。
ということは、これから
金利が上昇していくはず！

経済指標から金利の動向を予測できる。インフレ（→P22）になったり失業率が大きく低下すると金利が上がりやすい。

金利の動向を予測できれば、住宅ローンを組む際に固定金利か変動金利（→P54）、もしくは2つの組み合わせ（→P184）がいいかを判断しやすい。

住宅ローンは
固定金利を
選ぼうかな

固定金利

金利が
上がって
株価が
下がった

金利の動向は経済全体に影響を与えるため、金利の上昇・下落で株価が上昇するか下落するか予測できる（→P164）。

為替はどこに影響するの？

為替がわかれば
"お金の流れ"がわかる

為替（外国為替）は、各国の経済状況や企業の活動動向、物価まで密接に関わっています。私たちの仕事や生活への影響も大きいです。

為替は、外国と金利の差が広がるほど大きく変動しやすい（→P158）。日本の金利が低く、海外の金利が上がれば円安傾向になる。

住宅ローンは変動金利を選ぼうかな

BANK

金利を上げます

金利を維持します

銀行

米ドル高

円安

為替は、その国の貿易収支（→P134）がプラスになるかマイナスになるかによっても影響を受ける。

FXで儲かった！

日本の貿易がプラスになっている！これからは円高になるかもしれない！

FX（→P154）は、なぜ為替が動くのか、どうチャートを読むのかといった知識がないと損失を被る恐れがある。

金利と為替を学ぶ理由

あらゆるビジネスパーソンが知っておくべき "常識"

金利と為替は、日本や世界の経済を動かす一因です。常に経済の動向を注視してトレンドを掴むビジネスパーソンにとっては、常識ともいえるでしょう。

\ 常識① /

金利と景気の関係

金利の上昇、下降と景気は切っても切れない関係にある。

好景気

↓

金利が上昇 　景気の過熱を抑える

↓

不景気

↓

金利が下落 　景気を刺激する

↓

好景気

\ 常識② /

為替と経済の関係

円安・円高は主に為替の影響による。為替があるから外国との貿易も可能になる。

貿易黒字の拡大

↓

円高傾向になる

貿易赤字の拡大
＋
不景気・政治的不安

↓

円安傾向になる

経済の流れを知っておくと、ビジネスに活かせます

STORY

金利と為替の知識を
仕事と生活に活用しよう！

20代の会社員・竹田と宮野。
竹田はキャリアアップを目指し、
宮野は私生活の充実を目指すため、
森永先生に金利と為替のしくみを
教えてもらうことに。
なお、本書では
輸出企業に勤める竹田と
輸入企業に勤める宮野、
双方の視点から
金利と為替を解説します。

金利と為替は
どの職業の人でも
知っておくべき
知識です！

＼ 金利と為替を学ぶメリット ／

知識・教養が身につく	ビジネスに活かせる	投資に活かせる
金融や経済と密接に関わる分野の知識が身につく	金融経済の動向がわかるためビジネスに活かせる	FX、株式投資、債券投資など、投資の一助になる

登場人物

森永康平
経済アナリスト。竹田と宮野に金利・為替の知識を教えてくれる。

竹田紗香
輸出企業である自動車部品メーカーに勤める会社員（20代）。出世のため仕事に打ち込む。

宮野聡
輸入企業である食品加工の企業に勤める会社員（20代）。住宅購入や投資を検討している。

エンナビ
金利・為替について、竹田と宮野に助言してくれる。

contents

第1章 森永先生、金融ってなんですか？

第2章 押さえておきたい金利の基本

第3章 暮らしに関わる為替の話

第4章 金利と為替は誰が動かしている？

第5章　金利と為替の動向を読み解こう！

第6章　金利と為替の知識を活用しよう！

第 1 章

森永先生、
金融ってなんですか?

〈 STORY 〉

金利と為替について知りたいと森永先生を訪ねた竹田と宮野。まずはお金と経済の基礎を身につけることになりました。金融市場についてや円安・円高の意味など、ここで金融の基本を押さえましょう。

金融の
基本①

「金融」とは
お金を融通すること

世の中のお金を回しているしくみのことを金融といいます。まずはその必要性について解説します。

 不景気だっていわれているけど、いつまで続くんだろう。

 お金があるところには、たくさんあるのに……。私のところにも、お金が回ってこないかなあ。そうしたら、やりたいこともやれるのだけど。

 そのために社会に存在するのが金融です。お金がたくさんあるところから、ないところに融通するわけです。

 あっ、森永先生！　金融と聞くと、むずかしそうだけど……「融通してくれる」と聞くと、なくてはならないような気がしますね。

 私たち個人も、企業も、そして国（政府）も、それぞれにお金を使って、金融経済に参加しているんです。

 いろいろな人たちがお金を融通することで金融は成立しているんですね！

金融
お金が余っているところから、お金が不足してるところへ融通するしくみのこと。お金を直接的に出資することを直接金融と呼び、お金を預かった人が別の人に出資することを間接金融と呼ぶ。

金融経済
お金を銀行に預けるなど、モノを介さずにお金が動く経済活動のこと。

社会を支える金融のしくみ

金融＝お金の融通

金融とは、お金が余っているところからお金が不足するところに、お金を融通するしくみのこと。

お金が余っています

お金が足りません！

融通

代表的な金融機関

金融機関とは、資金の融通を仲介する組織のこと。金融による手数料が利益となる。

銀行	信用金庫
信用組合	農協
保険会社	証券会社

もしも金融がなかったら……

家計

企業

政府

高額な買い物ができなくなる

通常、家や車といった高額な買い物をするには、ローンを組んでお金を借りる。しかし、金融がないとお金を借りられないため、高額な買い物ができなくなる。

設備投資ができず事業を拡大できない

企業は、銀行などからお金を借りて設備投資を行うことで、事業を拡大させていく。金融がないとお金を借りられないため、大きな事業ができない。

インフラの整備を行えない

政府は、国債を発行することでインフラ投資を行う資金を調達できる。金融がないと国債の発行を行えないため、インフラ整備などを行えなくなる。

\ 金融と経済の関係 /

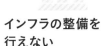

経済とは、生活に必要なものを生産・分配・消費すること。金融システムが整っていることで経済が発展できる、お金の経済活動を金融経済という。

> 個人だけでなく、企業や政府もお金を借ります。金融のしくみがあるからこそ社会が回っているのです

金融の
基本②

貨幣を発行して
暮らしを支える日本銀行

金融経済の中心のひとつは銀行です。そのなかでも、ここ
では中央銀行の役割について解説します。

 日本銀行は日本で唯一の中央銀行です。中央銀行とは、その国や地域の金融システムの中核になる銀行のことです。

 普通の銀行とは違う特別な役目を果たす銀行なんですね。

 日本銀行には3つの役割があります。ひとつ目はお金の発行ですね。日本銀行は日本で唯一、日本銀行券を発行できます。

 残りの2つは何ですか？

 2つ目は、市中（民間）銀行のお金を預かったり、市中銀行にお金を貸したりする「銀行の銀行」という役割です。

 銀行も、私たちと同じようにお金を預けたり借りたりしているんですね。

 そうです。そして最後は、政府の資金を管理する「政府の銀行」としての役割です。こうした役割で日本の金融システムを支えています。

中央銀行

ある国や地域の金融システムで中核になる銀行。アメリカの中央銀行はFRB（連邦準備制度理事会）、イギリスの中央銀行はBOE（イングランド銀行）、ヨーロッパの中央銀行はECB（欧州中央銀行）と呼ばれる。

日本銀行券

日本銀行が発行する紙幣のこと。銀行券とも呼ばれる。

市中（民間）銀行

中央銀行以外の民間の銀行。国民からお金を預かったり、企業にお金を貸したりする役割がある（→P18）。

日本銀行の3つの役割

日本の中央銀行である日本銀行は、市中（民間）銀行にはできない3つの役割を担っている。

発券銀行としての役割

- 日本では、中央銀行である日本銀行が唯一、日本銀行券（お札）を発行できる
- むやみにお金が発行されてインフレーション（→P22）が起きないように通貨量を調整する

銀行の銀行としての役割

- 市中（民間）の銀行にお金を貸したり、市中の銀行からお金を預かったりする
- 市中の銀行に資金を供給していることから、市場の通貨量の調整の役割を担っている

政府の銀行としての役割

- 税金や社会保険料の預け入れを行う
- 年金や公共事業など政府の支払いを仲介している
- 政府のお金の出入りを集計・記録している

このほかに、物価安定の目標に基づいて金融政策を行っています（→P110）

日本銀行が掲げる目標は「物価の安定」、そして「金融システムの安定」だ。銀行からお金を借りたり、決済サービスを利用できるのも日本銀行の働きがあるためだ。

金融の
基本③

お金の流れを手助けする市中銀行

市中（民間）銀行は、預金口座をもとに信用創造を行い、企業に資金を融資しています。

私たちが普段利用する民間の銀行にはどんな役割があるんですか？

まずは預金の役割です。私たちがお金を預けたり引き出したりできるのは、銀行がお金を預かってくれるからです。

ほかの業務は何ですか？

2つ目は、企業への融資です。企業は、銀行からお金を借りることで投資を行い、事業活動をすることができます。また、銀行は融資を通じて信用創造を行い、預金通貨の量を増やし、さらに融資を行っています。そして、銀行は企業から利子を付けてお金を返してもらうことで、利益を得ているのです。

融資の利子が主な利益なんですね。

ほかに、決済の役割も担っています。振込や送金、口座振替などを現金なしで行えるのは、銀行が支払い行為を代行してくれているからなんですよ。

信用創造
銀行がお金の貸し出しを繰り返すことによって、最初に受け入れた預金額より多い預金通貨をつくり出すこと。

決済
会社や個人などのお金を送金したり、受け取ったりする業務のこと。為替業務とも呼ばれる。

市中銀行の３つの業務

銀行の仕事は、大きく分けて３つに分類できる。
いずれも、社会の経済活動を支える重要な役割を担っている。

銀行の業務① 預金

個人・企業　　　　　　　市中銀行

現金を集める

個人や企業から資金を預かる。預金者は安全に預け入れ、引き出しができる。銀行は預けられた資金に対して利子を支払う。

銀行の業務② 融資

市中銀行　　　　　　　　個人・企業

現金を活用する

企業など、多くの資金を必要とする人や組織に向けて資金を貸し付けている。貸付先から利子を受け取る。

銀行の儲け 預金者に払う利息と貸付先から貰う利子の差が利益

銀行の業務③ 決済

市中銀行

個人　　　　　　　　　　企業など

取引を仲介する

直接現金で取引をせず、振込や口座振替などで支払い行為を代わりに行う。インターネット口座などがあれば、銀行に行かずに完結するものもある。

お金のやり取りを担う「金融市場」って何？

企業や自治体、政府などはお金の貸し借りを行っており、その取引を行う場を「金融市場」と呼びます。

投資や金融の勉強をしていると「金融市場」という言葉が出てくるのですが、これは何ですか？

簡単にいうと「お金をやり取りする場」です。銀行、証券会社、国、自治体などがお金のやり取りをしています。

金融市場でお金のやり取りをしているのは、組織や団体だけなんですか？

金融市場は明確に定義されていないので、この本では株式市場を含む「個人・団体がほかの個人・団体とお金のやり取りをする場」としておきましょう。例えば、株を売買する「株式市場」は誰でも参加できますが、金融市場のひとつです。

会社の上司が株式投資を行ってます！ほかにどんなものがありますか？

金融市場は短期と長期で大きく２つに分けられます。詳しくは右ページで解説します。

株式市場
資金調達のために企業が株を発行し、投資家が株を購入する形で資金提供を行う場。法人・個人問わず参加できる。

金融市場のイメージと種類

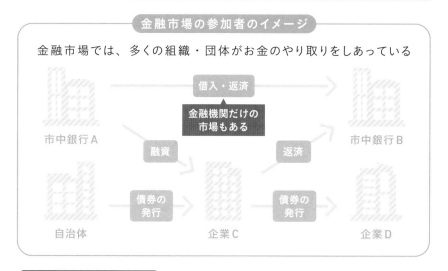

金融市場の参加者のイメージ

金融市場では、多くの組織・団体がお金のやり取りをしあっている

借入・返済
金融機関だけの市場もある
市中銀行A　融資　返済　市中銀行B
自治体　債券の発行　企業C　債券の発行　企業D

金融市場の種類

金融市場は、取引する期間によって大きく短期金融市場と長期金融市場に分かれる。

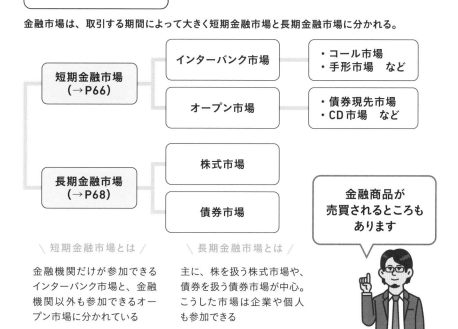

短期金融市場（→P66）
- インターバンク市場
  - ・コール市場
  - ・手形市場　など
- オープン市場
  - ・債券現先市場
  - ・CD市場　など

長期金融市場（→P68）
- 株式市場
- 債券市場

金融商品が売買されるところもあります

＼ 短期金融市場とは ／

金融機関だけが参加できるインターバンク市場と、金融機関以外も参加できるオープン市場に分かれている

＼ 長期金融市場とは ／

主に、株を扱う株式市場や、債券を扱う債券市場が中心。こうした市場は企業や個人も参加できる

モノの価格が変動する
インフレ・デフレって？

需要と供給のバランスが変化することで同じ商品でも価格
が変動します。そのしくみを覚えましょう。

 最近物価が上がってますよね……。

 こうした物価が高くなる現象をインフレ
と呼びます。モノの価格が継続的に上が
る状態のことですね。

急な物価の上昇は、家計が苦しくなるの
で避けてほしいです……。

 この反対は「デフレ」といい、モノの価
格が継続的に下がる状態のことを意味し
ます。

 どうしてモノの価格が上がったり下がっ
たりするんですか？

 その時々によって需要と供給のバランス
が変わるためです。たくさんの人が欲し
いものは値段が高くなりますよね。時代
によって私たちに必要なものは変わりま
すから、自然と需要と供給も変化し、そ
れによって価格が変動するんですよ。

インフレ
インフレーションの
略。需要が供給を上回
ることで物価が上昇す
る状態。

デフレ
デフレーションの略。
供給が需要を上回るこ
とで物価が下がる状
態。

インフレ・デフレとモノの価値

インフレとデフレのイメージ

モノの価格や通貨の価値のバランスが変わることで、物価が上がったり下がったりする。

インフレ

| モノの価格 | > | 通貨の価値 |

モノの価格が上がると、
結果的に通貨の価値が下がる

デフレ

| モノの価格 | < | 通貨の価値 |

モノの価格が下がると、
結果的に通貨の価値が上がる

物価の推移（白米10kgの場合）

明治時代から現代までの物価を長期的な目線で見ると、インフレが発生していたことがわかる。
ここでは、白米の価格を例にインフレの進行を確認する。

1868年 （明治元年）		55銭
1912年 （大正元年）	⬆	1円78銭
1945年 （昭和20年）	⬆	6円
1965年 （昭和40年）	⬆	1125円
1985年 （昭和60年）	⬆	3765円
2023年 （令和5年）	⬇	約3300円

> 時代によってモノや
> 通貨の価値は上がったり
> 下がったりします

※1868年〜1985年の物価は『値段史
年表 明治・大正・昭和』（朝日新聞社、
1988年）を、2023年の物価は通販
サイトの価格をもとに編集部作成

金融の
基本⑥

インフレになると
景気がよくなる？

インフレには 2 種類あります。どのような違いがあり、
どのように生活に影響を及ぼすのでしょうか。

一般的には、インフレになると物価が上
がり、それに伴って給与水準も上がると
されています。

本当ですか？　物価はずっと上がってい
るのに、給与が上がってるように思えま
せん……。

実はインフレには「いいインフレ」と
「悪いインフレ」の2種類があり、悪い
インフレになると物価だけが上がってし
まいます。この悪いインフレは「コスト
プッシュインフレ」と呼ばれます。

コストプッシュ？　はじめて聞きまし
た。

需要ではなく、生産コストや輸入コスト
の上昇が原因で発生するインフレです。
反対に、いいインフレはモノやサービス
の需要拡大で発生するインフレのこと
で、「ディマンドプルインフレ」と呼ば
れます。この2つのインフレのしくみは
次のページで紹介します。

**コストプッシュ
インフレ**

生産コスト、輸入コス
トの上昇が原因で発生
するインフレ。原油価
格の上昇によるガソリ
ン代の値上がりが一
例。

**ディマンドプル
インフレ**

好景気によって需要が
高まり、需要が供給に
追い付かなくなること
で発生するインフレの
こと。

2つのインフレのしくみ

コストプッシュインフレ

企業は儲からない

原料コストの上昇	原料コストや為替相場の変動による輸入コスト上昇
↓	
コスト上昇分の値上げ	企業は上がったコスト分を補うために商品の値上げをする
↓	
企業が儲からない	値上がりによって消費者の購買意欲が低下し、企業も儲からなくなる
↓	
従業員の給料が上がらない	企業の儲けが少なくなり、賃金は上昇しない

ディマンドプルインフレ

企業は儲かる

需要の増加	モノやサービスの需要が増加する
↓	
価格上昇	供給が需要に追い付かず価格が上昇する
↓	
企業が儲かる	消費者の購買意欲は高く、高価でも売れるため企業は儲かる
↓	
従業員の給料が上がる	企業の儲けが増え、賃金も上昇する。賃金が上昇することで消費意欲も高まり、新たな需要が生まれる

円高・円安は
どっちが景気にいいの？

ニュースでよく耳にする円安や円高。実際にはどういう意味で使用されるのでしょうか。

宮野くん聞いて！　円安の影響で業績が上がってボーナスが増えたの！

僕の会社は円安の影響で輸入コストが上がって大変……。同じ円安なのにどうして違う影響が出るんだろう？

円安といっても、立場によって受ける影響は違います。そもそも円安とは、外貨に対して日本円が安い状態のことです。100円で1ドルの商品を買えていても、円安になると110円、120円など、より多くのお金を払うことになります。

僕の会社は材料を輸入しているから、円安だとコストが増えるんですね。

その通りです。円安といっても一概に善し悪しを決めることはできません。反対に、円高になれば外貨に対して円の価値が上がるので、100円で1ドルの商品を買っていたのが90円、80円とより少ない金額で買えるようになります。主に為替の影響を受けて円安・円高になります。

外貨

自国の通貨ではない他国の通貨のこと。日本でいうと、アメリカ（米ドル）や中国（人民元）、韓国（ウォン）など日本の円以外の通貨のことを指す。

為替

広義では、現金の代わりに手形や小切手で支払いを済ませる方法のこと。特に通貨の違う国同士での為替は外国為替と呼ばれ、その交換比率を外国為替相場と呼ぶ。本書では、為替＝外国為替とする（→P72）。

円安と円高の違い

円高！ **1ドル＝80円**　1ドルの商品を買うのに80円で済む

円の価値が上昇 ↑

1ドル＝100円　1ドルの商品を買うのに100円払う

円の価値が低下 ↓

円安！ **1ドル＝120円**　1ドルの商品を買うのに120円が必要

米ドルと比べて円の価値が下がることを「米ドル高円安」と呼びます

円安と円高による影響

円高

外貨 ＜ 円

メリット
輸入品が安くなる。海外旅行が安くなる。外貨建て商品が安くなる

デメリット
輸出で儲かりにくい。外国から観光客が来づらくなる。外貨建て資産の価値が下がる

→ コストが減った！

輸入中心の企業

円安

円 ＜ 外貨

メリット
輸出で儲かりやすい。海外から観光客が多く来る。外貨建て資産の価値が上がる

デメリット
輸入品が高くなる。海外旅行が高くなる。外貨建て商品が高くなる

→ 業績アップ！

輸出中心の企業

金利の上げ下げが
経済を動かす

物価の上昇や下落、企業の経済活動、株価の変動……。こうした景気の動きは金利の変動によってもたらされます。

 いいインフレがずっと続いたら、ずっと給料が上がってラッキーですよね。

 そうでもありません。インフレが加速しすぎると社会が混乱するため、中央銀行は金融政策を行ってインフレを抑える必要があります。

 インフレを抑える金融政策って、具体的には何をするんですか？

 金利の引き上げを行います。例えば、企業が事業拡大をするには、銀行から融資を受けますが、このときの利息（金利）が高ければ企業はお金を借りづらくなり、事業活動が停滞します。

 企業がお金を借りづらい状況をつくって、景気の過熱が収まるのを待つということですね。

 そうです。反対に、景気をよくしたいときは金利を下げてお金を借りやすい状況をつくるのがセオリーとされています。

金融政策

中央銀行が行う政策。景気が過熱すれば金利を引き上げる「金融引き締め」を行い、景気が停滞すれば金利を引き下る「金融緩和」を行う（→ P110）。

金利

お金を借りた側が、貸した側に支払う貸借料（→ P38）。ここでは、景気や物価を安定させるために日本銀行が定める短期金利のことを指す。

金融政策による景気のコントロール

好景気
景気が過熱していく

不景気
景気が悪化していく

対策	対策
景気の過熱を抑えるために金融引き締め（金利の上昇）が行われる	景気を改善するために金融緩和（金利の低下）が行われる

これだとあまり
お金を借りられ
ないな……

企業

たくさんお金を
借りて事業を
拡大させよう！

企業

結果	結果
市場に出回る資金が減少 **景気の過熱が落ち着く**	市場に出回る資金が増加 **景気が活性化する**

＼ 金利から経済の動向を読む！ ／

金利上昇が報道される ──→ 景気低下の兆候

金利低下が報道される ──→ 景気改善の兆候

＼ このニュースに注目 ／

●**海外の動向**
ウォール・ストリート・ジャーナル
●**日本の動向**
日本経済新聞

　　　　　など

金利のニュースに
注目すると
経済の動きが
見えやすくなります

金利と
為替②

金利と為替を知れば
景気変動を先読みできる

金利や為替の動向を見ることで、好景気になるタイミング
や不景気になるタイミングを予測しやすくなります。

 金利や為替についてニュースで取り上げられているのをよく目にします。金利や為替の知識を身に付けるメリットって何なのでしょうか？

 ビジネスパーソンとしては、ある種の一般常識と思います。なぜ景気がよくなったり悪くなったりするのか、なぜ円安や円高のニュースが取り上げられているのか……何も知らないのは、ビジネスにおいて機会損失になりかねません。

 景気に合わせて金利も変わる点を解説してもらいましたが（→P28）、金利や為替の動向を知ることで景気の予測ができるんでしょうか？

 例えば、好景気が続いていても、金利上昇のニュースがあれば数年後には景気が冷え込むことが予測できます。また、円安が急速に進めば輸入品の高騰（→P27）が事前に予測できますよね。日本は輸入品が多いので特に影響を受けやすくなります。

機会損失
チャンスを逃したことで本来なら得られた利益を失うこと。

金利・為替と物価の関係

金利上昇	インフレを抑制させる
金利低下	景気を浮揚させる
円安	輸入コストが上がるためコストプッシュインフレの一因になりやすい
円高	輸入コストが減るため物価上昇の要因にはならない

ただし、金利を変えても、インフレやデフレが改善されるのは年単位になることを覚えておきましょう

金利・為替から物価の変動を予測する

・金利の上昇
・為替の円安傾向が報道された

物価上昇が予測される

金利上昇はすぐにインフレを抑制できない。かつ、円安の影響で輸入コストが上がっているため、しばらくは物価が上がる

・金利の上昇から1年経過し、金利上昇が最終局面に到達
・為替の円高傾向

物価下落（または維持）が予想される

インフレが抑制できたため金利引き上げの最終局面になったと考えられる。また、円高の影響で輸入コストが減少したため物価下落、または維持となる

\ アメリカの金利からも影響を受ける！ /

アメリカの金利にも注目

日本だけでなく、世界経済をけん引するアメリカの金利動向にも注目したい。アメリカで急激な利上げが行われて景気が停滞すれば、日本にもマイナスな影響を与える可能性あり。

実際はもっと複雑な要因で物価が変動しますが、まずは基本を押さえましょう

金利と為替の知識は
投資にも活用できる

金利の変動は株価や為替レートに影響を与えるため、株式
投資やFXのヒントとなります。

 金利と為替の動向を把握すれば、株式投資にも役立ちますよ。

 資産運用に興味があって投資の勉強をしているので、ぜひ知りたいです！

 金利が下がればセオリー上では経済活動が活発になり、好景気に発展します（→P28）。そのため、株式投資家は、金利が引き下げられると「これから好景気になる」と考えて株を買い始めます。

資産運用

預金、債券、株、投資信託などに投資をして、資産を増やすこと。老後の資金や教育費を形成する目的で、長期間運用する投資を指すことが多い。

 株が買われるとどうなるんですか？

 株価が上がります。つまり、金利の引き下げは株価上昇のサインとされているのです。また、他国との金利差が開くと円安になりやすくなります。このことから、FX投資にも役立ちます。

 ……これで一攫千金だ！

 投資を行うのはいいですが、いきなり極端な額を使うのはやめましょうね。

金利と株価の関係の例

[S&P500 2020年12月〜2023年4月]

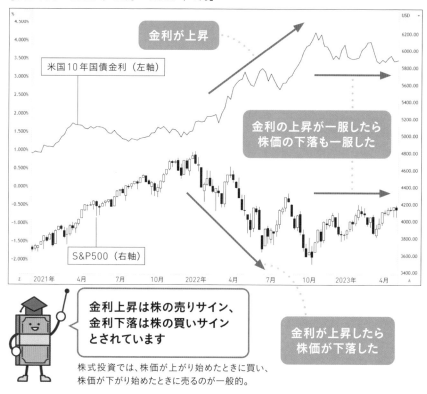

金利が上昇

米国10年国債金利（左軸）

金利の上昇が一服したら
株価の下落も一服した

S&P500（右軸）

金利上昇は株の売りサイン、
金利下落は株の買いサイン
とされています

金利が上昇したら
株価が下落した

株式投資では、株価が上がり始めたときに買い、
株価が下がり始めたときに売るのが一般的。

為替とFXの関係

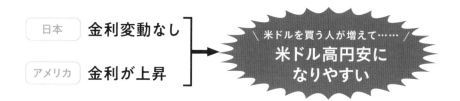

| 日本 | 金利変動なし |
| アメリカ | 金利が上昇 |

＼ 米ドルを買う人が増えて…… ／
米ドル高円安に
なりやすい

金利差が開いたとき、金利の高い国の通貨の需要が高まるため、上記の例では米ドル高円安に
なりやすい（→P158）。円高のときに買って円安で売ればその差が利益になる。

物価変動の要因を押さえる

生活に関わる経済動向を
ニュースから把握しよう

Q このニュースの後に発生したのは
物価上昇？ 下落？

2022年3月に報じられたニュースを2つピックアップし、下に掲載しました。それぞれ、原油価格の上昇と円安の進行を報じる内容のものです。

実は、このニュースが出たころから物価が大きく変動しました。ニュースの内容をもとに、物価は上昇したのか、下落したのかを考えてみましょう。

＼ 2022年3月の報道 ／

日本経済新聞（2022年3月8日）

原油、供給不安で140ドル目前
世界需要の4%不足も

原油価格の高騰が止まらない。米欧がロシア産原油の輸入禁止の検討に入り、世界供給が不足するとの懸念が台頭したためだ。日本時間の7日に原油の国際価格は約13年8カ月ぶりの高値を付けた。

`NY円、反落　1ドル=119円10〜20銭`　日本経済新聞（2022年3月19日）

一時6年ぶり円安水準
FRB高官のタカ派姿勢で

18日のニューヨーク外国為替市場で円相場は反落し、前日比55銭円安・ドル高の1ドル=119円10〜20銭で取引を終えた。一時は119円40銭と、2016年2月以来6年1カ月ぶりの円安水準を付けた。

A　輸入コストの高騰と円安により物価が上昇

原油価格の上昇と円安の進行は、どちらも物価上昇の要因です。

まず、原油価格を見てみましょう。2022年3月8日時点で、約13年8カ月ぶりの高値が付いたと報じられています。24ページでは、輸入コストの上昇などで発生する「コストプッシュインフレ」を解説しましたが、実はこの原油価格は輸入コストのひとつです。

空路、海路どちらも原油が必要なため、原油コストが上がるほど運送のコストも高くつくのです。

次に円安ですが、円安傾向は2020年10月ごろから進行しており、2022年3月は特に円安の進行が急激になり始めたタイミングでした。円安も、輸入のコストを上げる要因のひとつです。

もちろん、物価上昇にはさまざまな要因が複雑に絡まっているため、原油高上昇と円安以外でも説明が可能ですが、どちらも大きな要因であるため注目が必要です。

物価上昇の要因

原油価格の上昇

- 原油は、商品の製造から輸送まで多くの工程に使われる
- 原油価格が上がれば生産コスト、輸送コストの上昇に直結する

▶ P24をおさらい！

円安の進行

- 円安の進行は、輸入コストの上昇に直結する
- コストが上がれば物価が上昇する

▶ P26をおさらい！

ニュースの動向を追うことで、原油価格や円安・円高の水準を把握できます

金融の知識は
ビジネススキルとして必要?

[すぐに必要になるわけではないが
ビジネスパーソンとして必須!]

第1章で解説した金融知識は、中学校の公民科や高校の政治・経済といった授業で習う内容が一部含まれています。中学生、高校生ではこうした知識をテストで問われるため、教科書を読み、授業を聞き、知識を覚える必要がありました。

しかし、高校や大学を卒業して働き始めると、こうした知識は問われなくなります。これらの知識がなくても仕事を続けることはできますし、目に見えて大きな損失を被るわけではありません。そのため、「実生活では使わない知識」と感じている人も多くいるでしょう。

しかし、金融の基礎知識は「ビジネスパーソンとして当然知っておくべき内容」です。

知っていて当たり前だからこそ、普段問われることがないのです。

世の中のお金の流れを把握することで、世の中は、世界は、どんな出来事に関心を持ち、どんなところにお金が集まるのかがわかってきます。

そうしたビジネスパーソンとしての知見は、商談や商品企画といった身近な業務を支える力となります。

また、金融・経済の話には堅い言葉が多く登場するため、苦手意識を持つ人も多いでしょう。しかし、しくみさえ理解していれば難しいことはありません。ひとつずつ理解して、ニュースを、金融を、より身近なものにしましょう。

第2章

押さえておきたい金利の基本

〈 STORY 〉

金利は、お金の貸し借りで発生する手数料のこと。竹田と宮野の2人は、預金やローンといった身近な例から、金利のしくみを学んでいきます。

金利はお金の貸し借りで発生する"手数料"

ニュースでよく耳にする金利。実は、私たちの生活にもとても深く関わっています。

 そもそも金利って何でしょうか？

 簡単にいうと「お金の貸借料」です。融資を受けたら（お金を借りたら）、実際に借りた額に上乗せして返しますよね。この上乗せしたお金が金利です。

 借金はしないので私は無関係ですね。

 そうでもありません。クレジットカードで分割払いを選択したり、ローンを組んだりしたときも金利が発生します。

 家を買いたくて、住宅ローンの利用を検討しています。ローンについても、基礎から学びたいです！

 分割払いやローンの場合、カード会社や金融機関が消費者の代わりに代金を払います。その後、消費者は金利を上乗せして返済します。ちなみに、返済期間が長いほど利払いが増えてしまいます。54ページからまた詳しく解説しますね。

分割払い

クレジットカードで支払う際、購入金額を数回に分割して支払うこと。分割した回数に応じて金利（利息）が発生する。

ローン

銀行などの金融機関による融資の一種。土地、住宅、車、リフォーム、教育資金など、目的に応じてローンの種類が分けられ、種類によって融資の限度額や返済期間の上限が異なる。

金利のしくみ

お金を借りる場合

10万円を借りたときの金利が1%だった場合。

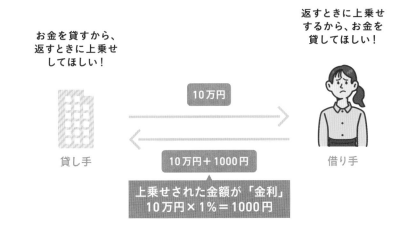

お金を貸すから、
返すときに上乗せ
してほしい！

返すときに上乗せ
するから、お金を
貸してほしい！

10万円

貸し手

10万円＋1000円

借り手

上乗せされた金額が「金利」
10万円×1％＝1000円

住宅ローンを利用する場合

3000万円の新築の戸建てを、住宅ローン（借入額3000万円、返済期間30年、金利1％、頭金0円、元利均等返済（→P182））の利用で購入した場合。

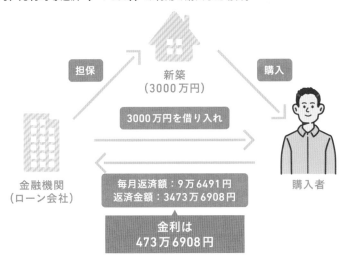

担保

新築
（3000万円）

購入

3000万円を借り入れ

金融機関
（ローン会社）

毎月返済額：9万6491円
返済金額：3473万6908円

購入者

金利は
473万6908円

お金の貸し借りで知っておきたい「利率」

お金を借りるときや投資をするとき、どれだけの金利が付くかは「利率」を見ることで把握できます。

 お金を貸し借りするとき、元金に対していくら金利が付くかは、お金を貸す側が「利率」として％表記で提示します。

 どうして％表記なんですか？

 ％だと、元本が変わっても金利の額を計算できますよね。また、金利は期間が定められているのが一般的で、1年間のうち元金に対して付く金利は「年利」と呼ばれます。年利1％で1万円を借りると、翌年には1万100円返済するということです。

 投資でよく使われる「利回り」という言葉と似ていますね。利率と利回りに違いはありますか？

 似ていますが、利率とは、元本（投資金額）に対して受け取れる利息の割合を表したもので、利回りは、元本（投資金額）に対する利息も含めた年間収益の割合のことです。

年利

1年間につき、元金に対して付く金利のこと。一般的に、金利や利率は年利で示されることが多い。

利回り

投資元本に対して得られる利益の割合。利率は元本に対して付く金利の割合を示すのに対し、元本＋利子に対して付く金利の割合を示す。

覚えておきたい年利の計算方法

元本100万円で年利1%の場合

·····1年あたりの利率

例

元本		年利		金利
100万円	×	1%	=	1万円

状況に応じて
利率が変動す
るものもあり
ます！

借り入れの場合
利率が事前に決まっている

株・投資信託などの場合
状況に応じて利率が変動するため、「期待される利率」「過去の利率の平均」などを使って計算する

覚えておきたい利率・利回りの違い

利率

① 借り入れなどでよく使用される

② 元本に対してどれだけ
金利が付くかを示している

金利
元本

◀ 元本に対して
付く金利の割合

利回り

① 預貯金や投資でよく使用される

② 元本＋金利に対してどれだけ
収入が得られるかを示している

金利
元本

元本と金利に
対して付く、
投資で得られる
収益の割合

金利は％、利子と利息は金額で表される

お金の貸し借りでよく耳にする利子や利息という言葉。一般的な使い分け方を覚えておきましょう。

 そういえば、お金を貸し借りするとき、「利子」や「利息」という言葉を使いますよね。こうした言葉は、金利とどう違うんでしょうか？

 金利や利率は％で表記されますが、利子や利息は金額で表記されます。利率をもとに計算された、実際に支払ったり受け取ったりする金額が利子や利息です。

 なるほど。ちなみに、利子と利息は同じ意味と考えていいんですか？

 どちらもほとんど同じ意味で使われていますが、一般的に銀行預金の場合は利息、債券などの投資で得る利益には利子が使われています。

 確かに、「利息○円」っていう言葉を見かけたことがあります。

 また、借りた人が支払うものを利子、貸した人が受け取るものを利息というケースもありますね。

銀行預金

銀行に預けるお金のこと。また、銀行に預けたお金のこともいう。普通預金の場合はいつでもお金を引き出せるが、定期預金の場合は、満期になるまでお金を引き出すことができない。

利率と利息の違い

＼ 例えばこんなチラシがあったら…… ／

定期預金
（単利型）のご案内

利率 **0.01**%

預入金額
1000円以上
（1000円単位）

預入期間
1カ月、3カ月、6カ月、
1年、3年からお選びい
ただけます

シミュレーション

預入金額	預入期間 3年	貸し手	利息
100万円	→	100万円 ＋	300円

利率
元本に対して付く金利
が％で表されたもの。

利息（利子）
実際に受け取る（あるいは支払う）金額。
ここでは定期預金で満期を迎えたときに
受け取る金額を示す。

利子・利息の使い分け

利子と利息はほとんど同じ意味だが、慣習的に
使い分けられることがある。

利子と利息の使い分け
は厳密ではないので、
同じ意味と覚えてもOK

利子

債券などの投資で得
られる利益を指す際に
よく使われる。一方で、
「支払う金利」を指す
場合もある

利息

銀行預金などで得られ
る金利を指す際によく
使われる。また、預金
以外にも「受け取る金
利」を指す場合もある

怪しい勧誘を見抜く！
年利・月利・日歩の計算

利率には、年ごとの金利を表す年利のほかに、月ごと、日ごとの金利を表すものもあります。

 利率は年利で表記されることが多い（→P40）ということでしたが、年利以外の表記もあるんですか？

 月ごとの利率を表した「月利（げつり）」や、日ごとの利率を表した「日歩（ひぶ）」があります。怪しい投資の勧誘で「月利4％を保証」などの謳い文句を見かけることもありますが、年利に換算するとあり得ない数字です。

 どうやって年利に変えるんですか？

 簡単に計算するのであれば、月利に12を掛けるだけです。月利4％を年利に換算すると48％。普通、こんな利回りはあり得ません。

 日歩はどんなときに使うんですか？

 株式投資で使うことがあります。信用取引を行う際、証券会社から現金や株を借りたとき、日歩や逆日歩という金利を払います。

信用取引
証券会社から現金や株を借りて投資すること。最大で投資資金の3.3倍まで借りることができる。大きな利益を狙える一方で、損失が出たときのリスクも大きい。

逆日歩
信用取引で、証券会社から株を借りる投資家（売り方）が支払うコストのこと。売り方が増加して証券会社などで貸し出せる株が不足すると、逆日歩が発生する。

年利・月利・日歩の違い

年利 1年あたりの利率。実際の取引期間が1年未満であっても、利率は年利で記されることが一般的。

（例） 満期が6カ月間の定期預金（年利0.1%）に100万円を預けた場合の利息

元本		年利		期間
100万円	×	0.1%	×	6カ月／12カ月

利息	
=	500円

○カ月／12カ月
○日／365日
のいずれかが入る

月利 1カ月あたりの利率。

単利（→P58）で
計算するなら
月利に12を掛ける！

（例） 月利4%の金融商品に100万円を1年間投資した場合の利息

元本		月利		期間
100万円	×	4%	×	12カ月

利息	
=	48万円

利息が高額すぎる場合は
詐欺を疑う！

日歩 1日あたり、100円に対していくら金利が付くかを示す金額。「日歩○銭」と表記される（1円＝100銭）。

（例） 日歩10銭（0.1円）で1万円を借りた場合の1日の利息

日歩				利息
100円につき 10銭（0.1円）	×	100	=	1万円につき 10円

実生活で役立つ計算問題

利子・利息の計算方法を覚えよう

Q 利息・利子はいくらになる？

　宮野さんは、とある債券を10万円分購入しようとしています。この債券の説明として「利率（年利）0.33％」「5年満期」というキーワードが書かれています。一方、竹田さんは、キャッシングサービスを利用して10万円を借りようとしています。こちらは利率（年利）18％で、返済期限は一括返済の場合30日間。

　宮野さんがこの債券を購入した場合、償還日には元本と利子の合計は何円になるでしょうか。

　また、竹田さんがこのキャッシングサービスを使ってお金を借りた場合、30日後に合計何円のお金を返済しないといけないでしょうか。

債券に付く利子と借り入れに付く利息は？

○□債券

5年満期
半年に1回、元金に対する利子の支払いあり
利率（年利）0.33％

10万円分
債券を
買いたい！

宮野さん

△×キャッシング

返済期限30日（一括返済の場合）
利率（年利）18％

10万円分
お金を
借りたい！

竹田さん

A 「元本×年利×期間」で求められます

債券、借り入れ（キャッシング）に付く利息・利子は、下図の通りです。基本的にどちらも「元本×年利×期間」の式で求められます。

期間に入るのが年数であればその

まま年数の数字を入れましょう。債券の場合、5年間運用するので5を掛けましょう。キャッシングの場合は30日借りるので、30日を365日（1年間）で割った数字を入れます。

○□債券に付く利息

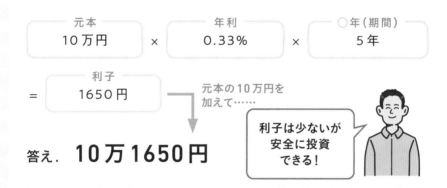

元本		年利		○年（期間）
10万円	×	0.33%	×	5年

＝ 　利子　 1650円 　→ 元本の10万円を加えて……

答え. **10万1650円**

利子は少ないが安全に投資できる！

△×キャッシングに付く利息

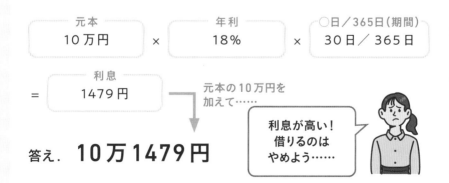

元本		年利		○日／365日（期間）
10万円	×	18%	×	30日／365日

＝ 　利息　 1479円 　→ 元本の10万円を加えて……

答え. **10万1479円**

利息が高い！借りるのはやめよう……

普通預金・定期預金で利息が付くのはなぜ？

銀行は、さまざまな業務によって得た利益の一部を、預金の利息として私たちに支払っています。

 銀行にお金を預けるだけでも利息を受け取れますよね。どうしてでしょうか？

 実際には銀行にお金を貸しているとイメージしたほうがわかりやすいかもしれません。銀行は、融資をして利息を受け取るなど、さまざまな銀行業務を行って売上を生み出しています。その利益の一部を預金の利息として付けています。

 利息は、銀行の利益の一部だったんですね。

 そうです。ちなみに、預金の利率は、口座の種類によって異なります。

 昔は利率が高かったらしいですが、今はほとんど付きませんよね。

 確かに、バブル期には普通預金でも2％ほどの利率だったとされていますが、現在では普通預金で0.001％〜0.25％。定期預金でも0.002％〜0.35％ほどと、低い水準です。

バブル期

株価や不動産価格が、実体に比べて大きく上昇した期間。1986年〜1991年に日本で発生した。

定期預金

事前に預ける期間を決めて銀行に資金を預けること。原則、満期になるまでお金を引き出すことができないが、普通預金より高い金利が付く。

銀行預金の使われ方と種類

預金者・銀行・企業の関係

銀行は企業に資金を融資し、返済時に利息を受け取る。そうした銀行の利益の一部が利息として預金者に支払われる。

お金を安全に預けたい

企業に融資します！

資金を借りたい

預金

融資

利息を付ける

利息を付けて返済

預金者　　　　銀行　　　　企業

「銀行にお金を貸している」と考えると、預金に利息が付く理由も納得しやすいですよ

銀行預金の種類

銀行預金には種類があり、それぞれ適用される金利や預け入れる資産が異なる。

\ 一般的な預金 /
普通預金

自由に預金や引き出しができる口座で、一般的に利用されるもの。

金利の目安
年利
0.001%〜0.25%

\ 引き出しに制限あり /
定期預金

お金を預ける期間が決まっており、原則として満期までお金を引き出せない口座。

金利の目安
年利
0.002%〜0.35%

\ 高金利を狙える /
外貨預金

外国の通貨に両替して預けること。高い金利を狙えるが、元本割れのリスクもある。

金利の目安
年利
0.01%〜約1.2%

※年利は2023年10月時点のもの。定期預金の金利は、預入金額に応じて変動する。さらに、外貨預金は通貨によっても異なる

預金②

銀行の金利は誰が決めているの？

銀行預金に付く金利の％は、短期金利や長期金利を参考にしながら、各銀行が決めています。

 銀行預金で付く金利って少額ですよね。誰がこの金利を決めているんですか？

 各銀行が、短期金利や長期金利を参考に決めています。

 詳しく教えてください！

 短期金利とは、お金の貸し借りが1年未満のときに付く金利のこと。銀行預金の場合、銀行同士が1日だけお金を貸し借りする「無担保コール翌日物」の金利が指標になっています。そして、無担保コール翌日物の金利を決めているのが日本銀行です。

 金利を決めるのも日本銀行の仕事なんですね。じゃあ、長期金利は何ですか？

 お金の貸し借りが1年以上のときに付く金利です。通常は需要と供給に合わせて市場が決めますが、日本の場合は2016年以降、金融政策の一環で長期金利も日本銀行が操作しています。

短期金利
お金の貸し借りが1年未満のときに付く金利のこと。日本銀行が決めている「無担保コール翌日物」が短期金利の指標となっている。

長期金利
お金の貸し借りが1年以上のときに付く金利のこと。

無担保コール翌日物
銀行同士が1日だけお金を貸し借りすること。

預金金利は短期・長期金利を見て決めている

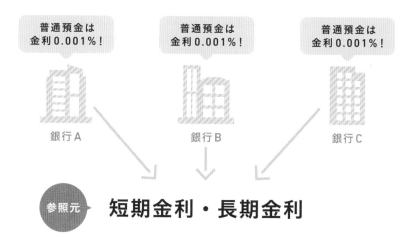

普通預金は
金利0.001%！
銀行A

普通預金は
金利0.001%！
銀行B

普通預金は
金利0.001%！
銀行C

参照元　## 短期金利・長期金利

各銀行が短期金利と長期金利の動向を見ながら預金金利を決めている。同じものを参照しているため預金の利率が類似する。

＼ 中央銀行が操作！ ／

短期金利

1年未満の取引にかかる金利。一般的に、短期金融市場の無担保コール翌日物の金利を指す。

＼ 市場が決める！ ／

長期金利

1年以上の取引にかかる金利。一般的に、長期金融市場の、満期が10年の国債（10年物）の金利を指す。通常なら市場が長期金利を決めるが、日本では2016年以降、金融政策の一環で長期金利も日本銀行が操作している。

長期金利

短期金利

外貨預金は
本当にお得？

円を外貨に換えて銀行に預ける外貨預金。高い金利が魅力ですが、デメリットもあります。

 日本の預金金利が低いなら、もっと金利が高い外国でお金を預けたほうがお得ですよね。

 日本でも、円を外貨に換えて預ける「外貨預金」を利用できますよ。適用される金利は、日本の預金金利ではなく外国の金利です。また、円安になればお金を引き出したときに為替差益が生じることもあります。

外貨
米ドルやユーロをはじめとする外国の通貨。

為替差益
為替の変動によって生じる利益のこと。

 全資産を外貨預金に乗り換えます！

 ただし、手数料が割高ですし、円高になれば為替差損が発生し、場合によっては損失が出るケースもあります。

為替差損
為替の変動によって生じる損失のこと。

 お金を預けただけで損失が出るのは嫌ですね……。

 また、外貨預金はペイオフ制度の対象外なので、外貨預金に充てる金額は慎重に検討しましょう。

ペイオフ制度
金融機関が破綻したとき、預金者に対して預金保険機構が預金（保険金）を払い戻すこと。元本1000万円までとその利息が対象。

外貨預金のメリット・デメリット

外貨預金のしくみ

外貨預金は、円を外貨に両替して預け入れること。日本での預金より高い金利を狙うことができる一方で、手数料が高い。

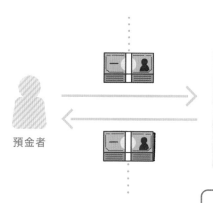

入金

円を入金してもOK。すでに外貨を持っていれば外貨も入金できる

預金者

預け入れ

外貨預金のなかでも「普通預金」か「定期預金」を選べる

外貨預金口座

預けられた円は外貨に両替され、通貨ごとに定められた金利が適用される

引き出し

金利が付いた状態で引き出される。金利は通貨によって異なる。

金利の例（定期預金・1年月満期）	
米ドル	5.30%
ユーロ	0.01%

株や投資信託も視野に入れつつ、資産運用の選択肢のひとつと考えましょう。全額つぎ込むのはNGです

メリット

● 日本での預金に比べて金利が高い

● 円安が進めば為替差益が発生する

デメリット

● 外貨に両替する際の手数料が割高

● 円高が進めば為替差損が発生する

住宅ローンに必須の知識
固定金利と変動金利

金利には、利率がずっと変わらない固定金利と、相場に合わせて利率が変わる変動金利の2種類があります。

 宮野さんは住宅ローンを使って家を購入したいんですよね。

 そうなんです。ただ、「固定金利」か「変動金利」のどちらを選ぶか悩んでいます。

 固定金利と変動金利って何ですか？

 契約後、金利が変わらないのが固定金利です。一方、相場の変動に合わせて金利が変動するのが変動金利です。

 正直、どっちがお得なんでしょうか？

 どちらかが絶対に得ということはありません。今後金利が上昇する見通しがあれば固定金利がお得ですし、金利が変わらない、または下がる見通しであれば変動金利のほうがお得です。詳しくは右ページで解説しますね。

 住宅ローンを使うときも金利の知識が役立つんですね。

住宅ローン
マンションや戸建てを取得・リフォームする際に、金融機関からお金を借りることができる、住宅専用のローンのこと。

固定金利と変動金利の違い

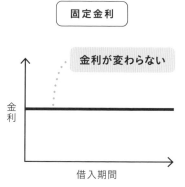

固定金利

金利が変わらない

金利 ──────────

借入期間

満期まで金利が変わらない。ただし、日本の住宅ローンでは変動金利より高い利率が続いている。

メリット 毎月の支出がわかりやすい

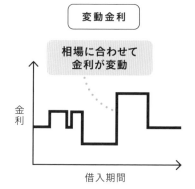

変動金利

相場に合わせて金利が変動

金利

借入期間

相場に応じて金利が変動する場合がある。ただし、日本の住宅ローンでは長期的に低い金利を維持している。

メリット 直近では低金利になる

固定金利・変動金利の選び方

＼ 固定金利に向いている人 ／

長期的に家計の収支を管理したい人

毎月の返済額が決まっているため、お金の出入りを管理しやすい。家計を明確に管理したい人は固定金利に向いている。

＼ 変動金利に向いている人 ／

直近の金利を低く抑えたい人

収支管理を厳密に行わず、直近の金利を低く抑えたい人に向いている。ただし、将来的に金利が上昇する可能性には留意する。

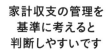

家計収支の管理を基準に考えると判断しやすいです

変動金利は短期金利、
固定金利は長期金利が変える

住宅ローンにおける変動金利と固定金利は、それぞれ影響を受ける要因が異なります。

 住宅ローンの金利は何をきっかけに変わるんですか？

 変動金利は「短期金利」の影響を受け、固定金利は「長期金利」の影響を受けて変動します。

 影響を受ける対象が違うんですね！

 そうです。具体的には、短期金利のなかでも短期プライムレートを参照しています。これは、金融機関が優良企業に融資を行うときの金利です。これが上がれば、変動金利も上がることになります。

 長期金利は何を参照しているんですか？

 債券市場で取引されている、10年物の国債の金利です。国債の金利は、市場の需給によって変わりますが、日本の場合、2016年以降は長期金利も日本銀行が国債を大量に買うなどして、事実上、操作しています。

短期
プライムレート

金融機関が優良企業に融資する際の金利。比較的金利が低く条件がよい。

変動金利・固定金利の変動要因

変動金利の変動要因

変動金利は、短期金利（短期プライムレート）を参照して決められる。また、短期金利は、日本銀行が設定する政策金利の影響を受ける。

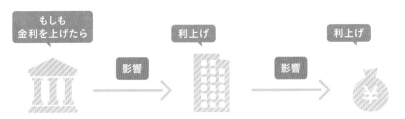

政策金利
中央銀行が設定する短期金利のことで、短期金融市場に影響を与える。

短期金利
優良企業へ融資する際に適用される金利（短期プライムレート）のこと。各金融機関が決めている。

変動金利
住宅ローンの変動金利は、短期金利をもとに各金融機関が決めている。

政策金利は、間接的に変動金利に影響を与えます。変動金利を選ぶ場合、金融政策の動向に注目するとよいでしょう

固定金利の変動要因

固定金利は、長期金利（10年物の国債利回り）を参照して決められる。また、日本の長期金利は、日本銀行が行うYCC（→P112）の影響を受ける。

YCC
長期金利の上昇を抑える目的で長期国債などを大量に買い入れること（→P112）

長期金利
10年物の国債利回りのこと。債券市場が金利を決めるが、上がりすぎないようYCCで抑えられている。

固定金利
住宅ローンの固定金利は、長期金利をもとに各金融機関が決めている。

長期投資で得をする「複利」のしくみ

元本のみに金利が付くか、元本＋利子（利息）に金利が付くかは取引によって異なります。

投資をするなら、複利の考え方は覚えておきましょう！

複利？　何ですかそれ？

金利の計算には、単利と複利の2種類があります。元本だけに金利が付くことを単利と呼びます。40ページの「利率」と似た考え方ですね。46ページで解説した計算も、単利の計算方法でした。

では、複利とは何でしょうか？

元本と利息を合わせた金額に対して金利が付くことです。例えば、100万円を年利1％で運用すると、1年後には101万円に増えますよね。複利では、この翌年、元本100万円と利息1万円を合わせた101万円に対して1％の金利が付きます。長期間運用してこれを繰り返せば、利息は雪だるま式に増えていきます。

複利で長期的に投資をすれば、効率よく利益を狙えるんですね！

複利
複利の金融商品には、定期預金、株、投資信託などがある。

単利
単利の金融商品には、債券や、毎月運用益が分配される投資信託などがある。

単利と複利の違い

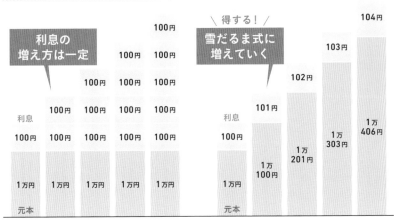

| 単利 | 複利 |

元本のみに金利を掛けて計算する。どれだけ利息を受け取っても、毎年入る利息は変化しない。

元本＋利息に対して金利を掛けて計算する。元本＋利息の額は年々増加するため、受け取る利息も年々増加する。

単利と複利の計算式

単利の計算式

> 年利は、%を小数点に直す。10%なら0.1、1%なら0.01が入る

元本 ×（1＋年利×運用期間（年））＝ 資産総額

複利の計算式

> 運用期間は「累乗」で計算する。例えば、1.01^3の場合、$1.01 \times 1.01 \times 1.01 = 1.03$ となる

元本 ×（1＋年利）$^{運用期間（年）}$ ＝ 資産総額

投資②

金利上昇のピーク時は 債券の仕込みどき

債券投資をする場合、金利の動向に注目することで安く買えるタイミングがわかります。

 実は、金利の知識は債券投資を行う際にも役立ちます。

 詳しく教えてください！

 普通、債券を選ぶとき、金利が低い債券より金利が高いものを選びます。

 金利が高いほど利回りが高いですからね！

 仮に、去年発売された債券より、高金利の債券が今年発売されたとします。すると、多くの人は金利が高いほうばかり買い、去年の債券は人気がなくなります。

 人気がなくなった債券はどうなるんですか？

 金利が低くても投資家に買ってもらえるよう、価格が下がります。このように、「金利が上がれば債券価格が下がる」は債券投資のセオリーです。反対に、金利が下がれば債券価格は上昇します。

債券投資

債券を購入して利子を受け取ること（→ P160）。債券の種類によって、償還日まで定期的に利子を受け取るか、償還日にまとめて利子を受け取るかが異なる。

債券

国や自治体、企業が資金を調達するために発行するもの。あらかじめ、元本を投資家に返済する日（償還日）が決まっている。

60

金利と債券価格の関係

金利が上がれば債券価格は下がる

① 金利が上昇

昨年の債券より高金利の債券が今年から発売された

```
┌─── 昨年の債券 ───┐
│ 金利    5%        │
│ 価格    1万円     │
└──────────────────┘

┌─── 今年の債券 ───┐
│ 金利    8%        │  金利が
│ 価格    1万円     │  上昇！
└──────────────────┘
```

② 債券価格が下がる

条件が悪くなった昨年の債券が値下げされる

```
┌─── 昨年の債券 ───┐
│ 金利    5%        │   価格が
│ 価格    8500円    │   低下！
└──────────────────┘

┌─── 今年の債券 ───┐
│ 金利    8%        │
│ 価格    1万円     │
└──────────────────┘
```

金利が下がれば債券価格は上がる

① 金利が低下

昨年の債券より低金利の債券が今年から発売された

```
┌─── 昨年の債券 ───┐
│ 金利    5%        │
│ 価格    1万円     │
└──────────────────┘

┌─── 今年の債券 ───┐
│ 金利    3%        │  金利が
│ 価格    1万円     │  低下！
└──────────────────┘
```

② 債券価格が上がる

条件のよい昨年の債券が値上げになる

```
┌─── 昨年の債券 ───┐
│ 金利    5%           │  価格が
│ 価格    1万2500円    │  上昇！
└──────────────────┘

┌─── 今年の債券 ───┐
│ 金利    3%        │
│ 価格    1万円     │
└──────────────────┘
```

投資のプランを考える

投資の利益を
計算しよう

Q どちらの投資プランを選ぶと
　　資産がより増える？

　宮野さんは、2つの投資プランで悩んでいます。ひとつ目のプランは、100万円で年利3％を狙える投資信託を購入し、40年間運用を続けるというもの。
　2つ目のプランは、投資に回せるお金を350万円まで増やしてから、30年間運用するというプランです。
　2つのプランを実行したときの最終的な資産総額を計算し、どちらが得かを考えてみてください。

資産をより多く増やせるプランはどっち？

プラン1	
元本（投資資金）	100万円
運用期間	40年間
年利（予定）	3％

プラン2	
元本（投資資金）	350万円
運用期間	30年間
年利（予定）	3％

※いずれも利益にかかる税金は除く

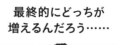

最終的にどっちが
増えるんだろう……

プラン2のほうが総資産が増える

複利の計算式は、59ページで解説した通りです。累乗を使いますが、パソコンやインターネット上の計算機能を使えば算出できます。

結果は、プラン2の「投資資金を350万円に増やして30年間運用する」ほうが効果的でした。

実際に投資を行う際は、利益に対して20.315％の税金がかかりますが、NISA制度を利用することで非課税にすることができます。実際に資産運用を行う際も、こうした計算を使ってプランを立てることから行いましょう。

資産運用の計算結果

プラン1

$$100万円 \times 1.03^{40} = 約326万円 \quad \boxed{226万円増}$$

プラン2

$$350万円 \times 1.03^{30} = 約849万円 \quad \boxed{499万円増}$$

答え. **プラン2のほうが資産が増える**

NISA制度を使うと非課税で投資できる

金融庁のNISA特別ウェブサイト。NISAの概要が説明されている。

NISA制度とは？

非課税で投資できる制度。金融機関でNISA口座を開設し、NISA口座で株や投資信託を売買すると利益が非課税になる。一括投資だけでなく、毎月一定額を投資する積立投資にも対応している。2024年1月から、投資上限の大幅な引き上げや制度の恒久化など、利便性が大きく向上した新NISAがスタート。

金融市場は2つに分かれ、それぞれ金利が異なる

お金の取引は「金融市場」で行われています。短期金融市場と長期金融市場に分かれ、それぞれ金利が異なります。

金利が身近な生活に関わっていることはわかってもらえたと思います。最後に、金利の動向と密接に関係している、金融市場について学びましょう。

確か、短期と長期で、市場が分かれているんでしたよね（→P20）。

その通りです。金融市場は、大きく分けて短期金融市場と長期金融市場の2つがあります。実は、この2つの市場には、期間以外にもうひとつ注目してほしいところがあります。何かわかりますか？

商品の違いですか？

それもひとつですが、最も大きな注目ポイントは金利の差です。基本的には、貸し借りの期間が短い短期金利は金利が低く、償還期間が長い長期金利は金利が高くなります。この、短期の金利と長期の金利差は、よくグラフで表されるので覚えておきましょう。

短期金融市場
1年未満の資金の貸し借りを行う市場。

長期金融市場
償還期間が1年以上の市場。株式市場や債券市場（公社債市場）が代表例。

短期金利
1年未満の資金の貸し借りに付く金利。

長期金利
償還期間が1年以上の場合に付く金利。

短期・長期金融市場の注目ポイント

期間の違い

2つの市場は、貸し借りの期間・償還期間が短いか、長いかによって区分されている。

| 短期金融市場 | **1年未満** |
| 長期金融市場 | **1年以上** |

市場ごとに、扱う商品や参加者も異なります

金利の違い

原則、短期金融市場は金利が低く、長期金融市場は金利が高くなる。

| 短期金融市場 | 原則 **金利が低い** |
| 長期金融市場 | 原則 **金利が高い** |

一般的に、短期金融市場のうち、無担保コール翌日物の金利を短期金利と呼び、長期金融市場のうち、10年物の国債の金利を長期金利と呼ぶ。

短期金利と長期金利を結んだグラフは、「イールドカーブ」と呼ばれます

どうして金利差をグラフで表すの？

金利差が変化するため

短期金利と長期金利の差は、景気などの経済状況によって大きく変動する。その変化の程度を知るためにグラフで示している。

短期金利と長期金利を結んだグラフ
（イールドカーブ）

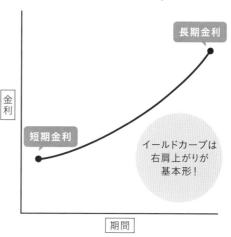

イールドカーブは右肩上がりが基本形！

市場②

金融機関などが参加する短期金融市場

短期金融市場は、期間1年未満の取引を行う場です。参加者や扱う商品によって市場が分かれます。

 短期金融市場は、銀行や証券会社などの金融機関のみ参加ができる「インターバンク市場」と、企業や地方団体なども参加できるのが「オープン市場」の2つに分かれています（→P21）。

 参加できる機関が違うんでしたよね。

 そうです。銀行同士が取引するインターバンク市場では、1日だけお金を貸し借りする「無担保コール翌日物」が多く取引されます。銀行によって預かったお金が多かったり、貸し出すお金が多かったりとバランスが違うので、こうして調整しているんです。

 オープン市場は何が取引されているんでしたっけ？

 オープン市場では、CDという特殊な定期預金や、優良企業が発行するCPという社債、国が国債を借り換える際に発行するTDB（国庫短期証券）などが取引されます。

CD

Certificate of Deposit の略語。預金の一種で、特定の債券者が所持している債券を第3者に譲渡することができ、発行条件を自由に定めることができる。

CP

Commercial Paper の略語。オープン市場において、信用のある企業だけが割引形式で発行できる無担保の約束手形。

TDB
（国庫短期証券）

国庫の一時的な資金不足などのために発行される債券のこと。期間は2カ月、3カ月、6カ月、1年の4種類。金融機関のみ入札資格をもっており、応募した中から選定され、入札を行う。

短期金融市場のしくみ

**短期金融市場は、インターバンク市場とオープン市場の2つに分かれる。
また、それぞれの市場内でも取扱商品ごとに市場が分かれている。**

インターバンク市場

金融機関同士で資金を融通する市場。

─ 市場の内訳 ─

最も活発！

●**コール市場**
金融機関同士で資金の過不足を融通する市場。外貨も取引される

●**手形売買市場**
手形を使って、金融機関同士で資金を融通する市場

─ 主な取扱商品 ─

●**無担保コール翌日物（コール市場）**
無担保で資金を借り、翌日に返す取引。最も取引されている

─ 主な参加者 ─

●**金融機関**
中央銀行、銀行、信用金庫、証券会社など

オープン市場

商社や自治体も参加できる市場。

─ 市場の内訳 ─

●**CD市場**
●**CP市場**
●**TDB市場**
●**債券レポ市場**
●**債券現先市場**

商品ごとに市場が違います

─ 主な取扱商品 ─

●**CD（CD市場）**
預金の一種で、他人に譲り渡すことができるもの。換金性が高い

●**CP（CP市場）**
優良企業が発行する短期の社債

●**TDB（TDB市場）**
国債の借り換え、国のお金（国庫）が不足時に政府が発行する債券

●**債券（債券レポ市場、債券現先市場）**
国や自治体、企業が発行した債券など

─ 主な参加者 ─

金融機関、事業法人（商社など）、外国企業、自治体など

個人でも参加できる
長期金融市場

長期金融市場は、1年以上にわたって取引される市場で、
債券や株が扱われています。

長期金融市場は、1年以上の取引が行われる市場でしたね。ここで取引されているのはたしか……。

主に、債券が取引されています。また、今回は株式市場も金融市場のひとつにカウントしているため、企業の株も取引商品となりますね。

投資商品が多いんですね。

そうですね。ちなみに、債券市場は発行市場と流通市場の2つに分かれています。発行市場は、国や自治体、企業が新しい債券を発行し、お金を調達する場です。流通市場は、すでに発行された債券を売買する場です。

わざわざ2つに分けてるんですね。

しんぱつさい
新発債か、前からある既発債かを区別したほうがスムーズなんです。また、発行市場と流通市場は株式市場にもあるんですよ。

しんぱつさい
新発債

新規に発行される債券。新発債が発行されると新聞などで公告され、購入者を募る。

きはっさい
既発債

すでに発行され、市場に流通している債券。

68

長期金融市場のしくみ

債券市場

国や自治体、企業が債権を発行して資金を調達する市場。

主な取扱商品 （債券の種類）

●**国債**
政府が発行する債券。債券市場のなかで発行量や取引量が最も多い

●**地方債**
都道府県や市町村といった自治体が発行する債券

●**社債**
一般企業が発行する債券

主な参加者

個人も参加できる

国、自治体、企業、証券会社、投資家など

株式市場

企業が株を発行して資金を調達する市場。

主な取扱商品

株

主な参加者

個人も参加できる

企業、証券会社、投資家など

発行市場と流通市場の違い

債券市場・株式市場は、それぞれ「発行市場」「流通市場」の2つに分かれる。

\ 企業が資金を調達！ /
発行市場

企業などが債券・株を発行して、資金を調達する場。債券や株を発行したら、証券会社を仲介して資金を受け取る。

\ 投資家同士が売買！ /
流通市場

すでに流通した債券や株を売買する場。債券は証券会社、株は証券取引所と証券会社を仲介して売買される。

証券会社や証券取引所が売買を仲介しています

リボ払いを利用すると
高い金利を払うって本当?

[**リボ払いには高い金利がかかるため**
なるべく利用は避けましょう]

融資における金利は、2010年に改正された利息制限法によって、15〜20％までと上限が決められています。上限は金額によって異なり、10万円未満であれば金利の上限は年20％、10万円〜100万円未満の金利の上限は年18％、100万円以上の金利の上限は年15％です。この法律の改正前に受けた融資であっても、この上限を超えた金利が課されていれば、超過分（過払い金）を後から請求し、受け取ることができます。よくテレビで「過払い金の請求」にまつわるCMを見かけますが、これも実は金利に関する話だったのです。このように、借り入れや融資で高い金利がかかっているというのはよくある話です。

クレジットカードの支払い方法のひとつに「リボ払い」がありますが、これにも高い金利がかかります。

リボ払いとは、クレジットカードの利用額にかかわらず、一定の金額を月々支払うという方法のこと。一見便利な支払い方法に見えますが、支払い残高に対して割高な金利がかかります。

また、支払い残高が多ければ、支払額のうち大半が利息で占められてしまい、何年経っても元本がほとんど減らないという自体も起こり得ます。クレジットカードの使用は無理なく支払える範囲にとどめておきましょう。

第 **3** 章

暮らしに関わる
為替の話

〈 STORY 〉────────

金利について学んだ竹田と宮野。今度は「為替(外国為替)」について、森永先生からレクチャーを受けます。為替レートはなぜ変化するのか、経済にどう影響するのかといったビジネスに欠かせない知識を身につけます。

為替とは①

外国との取引を
スムーズにする外国為替

外国との取引をスムーズにするシステムのことを外国為替
といい、通貨の交換が伴います。

 海外ブランドの服をネットで購入するに
は……なるほど。決済は日本円でできる
のね。

 ……竹田さん、何してるの？

 海外の通販サイトで服を買いたくて、支
払い方法を調べてたの。海外の商品を、
クレジットカードひとつで、しかも日本
円で買えるなんて便利よね。

 海外の商品をネットで買えるのは、外国
為替のしくみが整っているからですね。

 あっ、森永先生！　外国為替って何です
か？

 簡単にいうと、現金を使わず、国と国の
間で通貨を交換することです。このしく
みがあるおかげで、海外通販で商品を
買ったりできるんです。こうした通貨の
交換は、外国為替市場で、24時間行う
ことができます。

外国為替
円を外貨と交換するこ
と。厳密には日本国内
の決済を行う内国為替
も為替の一種だが、一
般的には為替＝外国為
替を指すことが多い。

外国為替市場
円を外国通貨と交換す
る場所。大きく分けて、
インターバンク市場と
対顧客市場の2つの
市場がある（→ P78）。

外国為替のしくみ

外国為替によって外国からモノが買える

外国為替とは、異なる国の通貨を交換すること。日本の銀行と外国の銀行同士で通貨の交換を行うことで、日本にいながら外国の通貨で商品を購入できる。

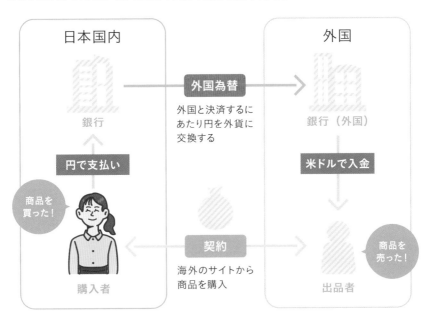

外貨を持っていなくても日本で外国の商品を購入できる!!

＼ 押さえておきたい為替の役割 ／

身近にある外国為替の例
- 海外通販サイトでの商品購入
- FX投資
- 外国の株・投資信託の購入
- 外貨預金

など

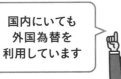

国内にいても外国為替を利用しています

為替とは②

通貨の価値は
常に動いている

円と外貨を交換するとき、その交換比率は一定ではなく、
常に変動しています。

 為替を行うとき、通貨の価値はずっと同じなんですか?

 いいえ、それぞれの通貨は、需要と供給の変動によって、常に価格が上がったり下がったりを繰り返しています。

 そうだったんですね。

 この価格の変化が、どちらか一方に偏って動くことを円安や円高（→P26）と表現します。例えば、円の人気が下がって円が売られ続けたり、米ドルの人気が高まって米ドルが買われ続けたりすれば、米ドル高円安になります。

 人気や不人気はどう決まるんですか?

 通貨としての信用度が高いものは一定の人気があります。例えば、米ドルは基軸通貨といって、世界中の貿易や取引で決済手段として使われる、中心的な通貨です。また、その時々の景気や金利動向も影響します。

基軸通貨
キーカレンシーとも呼ばれる。世界中の取引で中心になる通貨のことで、現在は米ドルを指す。基軸通貨は、世界中に流通していることや通貨価値が安定していることなどが求められる。

通貨の価値の変動要因

通貨は、常に売買され、価値が変動している。変動の要因として、
その国の財政状態や金融政策に加え、景気や金利の動向も影響する。

ほしい！
買いたい！

魅力的で
ないから
売りたい！

⬆ 価値の上昇

下記の要因によって買われる量が
増加すると通貨の価値が上昇する

・景気の向上
・金利の引き上げ
・物価の下落

など

⬇ 価値の下落

下記の要因によって売られる量が
増加すると通貨の価値が下落する

・景気の悪化
・金利の引き下げ
・物価の上昇

など

主要な通貨

\ 世界中で使われている！ /

基軸通貨

貿易や取引などで使用され、各国
通貨の基準となる通貨。現在は米
ドルが基軸通貨

ハードカレンシー以外の
通貨は「ソフトカレンシー」
「ローカルカレンシー」など
と呼ばれます

\ 価値が安定している！ /

ハードカレンシー

流通量が多く、発行国の政治経
済が安定的な通貨。外国為替市
場で、他国の通貨と交換すること
ができる

ハードカレンシーの
主な例

| 米ドル | ユーロ | 日本円 |

| 英ポンド | スイスフラン |

など

外国為替相場の見方を覚えよう

通貨と通貨を交換するときの交換比率のことを外国為替相場（為替レート）といいます。

ある通貨を別の通貨に交換するときは、通貨と通貨の交換比率に従って交換をします。この交換比率のことを外国為替相場（為替レート）といいます。

よくテレビや新聞などで見かけますが、どうやって見ればいいのでしょうか。

為替相場は、通貨ペアと呼ばれる通貨の組み合わせごとに表示されます。例えば、米ドルと円の通貨ペアは「米ドル円」「米ドル／円」「USD ／ JPY」などと表記されます。レートが1ドル＝130円なら、130円と1ドルを交換できます。

先生、今日の新聞には米ドル円のレートが「1ドル＝129.8 - 130.1円」と書かれています。これはどういう意味ですか？

米ドルを買うときの値段と売るときの値段には差（スプレッド）があります。左の129.8円は売値、右の130.1円は買値を表します。

通貨ペア

交換（売買）する2カ国の通貨の組み合わせのこと。

スプレッド

為替レートにおける売値と買値の差額。FXで投資をする際、スプレッドが小さいほうが有利になる。

売値

通貨を売る際の価格で、BIDとも表記される。

買値

通貨を買う際の価格で、ASKとも表記される。

為替レートの読み方

通貨ペア

交換する通貨の組み合わせ。「米ドル／円」「米ドル円」や、「USD／JPY」などと表記される

主な通貨の英語表記

米ドル	USD	スイスフラン	CHF
ユーロ	EUR	豪ドル	AUD
日本円	JPY	カナダドル	CAD
英ポンド	GBP	香港ドル	HKD

── 為替レートのイメージ ──

米ドル円の
為替レート

USD／JPY

BID（売）
129.8

⟵⟶

ASK（買）
130.1

売値

通貨を売るときの値段。この場合は米ドルを129.8円で売ることになる

スプレッド

売値と買値の差額。スプレッドが大きいと、高値で買って安値で売ることになるため不利になる

買値

通貨を買うときの値段。この場合は米ドルを130.1円で買うことになる

\ レートで損しないために /

両替窓口によって
レートが違う

銀行、街中や空港など多くの場所で外貨へ両替できるが、マーケットのレートに手数料を上乗せしているため、割高に両替してしまうケースがある

ここのほうが
いいレートだ

外国為替市場は24時間いつでも開いている

為替取引は取引相手がいれば、いつでも取引ができます。
詳しいしくみを見てみましょう。

為替取引は、外国為替市場で行われます。取引場所が実在するわけではなく、インターネット上で注文されます。

外国為替市場も、金利のときみたいに市場が分かれていますか？

そうですね。金融機関同士だけが取引できる**インターバンク市場**と、輸出入企業や投資家が参加できる**対顧客市場**の2つに分かれます。**FX**で儲けたり輸出入で両替をする際は、対顧客市場で取引されています。

そういえば、日本とアメリカには時差がありますが、アメリカの時間に合わせて注文するんですか？

24時間いつでも注文できますよ。ただ、国や地域によって取引が活発になる時間帯が違います。例えば、アメリカのニューヨークは、日本時間の22時〜翌朝6時までよく取引され、この時間帯は「ニューヨーク市場」と呼ばれます。

インターバンク市場

外国為替市場のひとつであり、銀行同士が外国為替を行う場所のこと。

対顧客市場

外国為替市場のひとつであり、銀行が顧客や企業などと外国為替を行う場所のこと。

FX

Foreign Exchange の略で、外国為替証拠金取引のこと。外貨を交換することで為替差益を狙う投資。

外国為替の2つの市場

インターバンク市場
金融機関だけが取引を行う市場。

取引（調整）

銀行 ← → 銀行

持ち高の調整
銀行同士で、為替の売り買いの状況（持ち高）を調整している。インターバンク内で使用されるレートは「インターバンクレート」と呼ばれる。

ニュースで報じられるのは、このレート！

対顧客市場
銀行を窓口に、個人、企業などが為替取引を行う市場。

米ドルを購入！

個人 → 投資 → 銀行 ← 両替 ← 輸出入企業

一般の人が参加
海外旅行や輸出入企業の貿易が両替を行ったり、投資家が通貨を売買したりする。その際、各銀行の手数料を含んだレートで取引される。

都市ごとの主な取引時間帯

取引は24時間行えるが、国や地域によって取引が活発になる時間帯が異なる。

市場	通貨	時間（日本時間）																							
		1	2	3	4	5	6	7	8	9	10	11	12	13	14	15	16	17	18	19	20	21	22	23	24
シドニー	AUD						■	■	■	■	■	■	■	■	■	■									
東京	JPY								■	■	■	■	■	■	■	■	■								
フランクフルト	EUR															■	■	■	■	■	■	■	■	■	■
ロンドン	GBP	■															■	■	■	■	■	■	■	■	■
ニューヨーク	USD	■	■	■	■	■																■	■	■	■

市場ではどんな人が取引しているの？

金融機関だけでなく、企業や個人も参加できる外国為替市場。具体的にはどんな人が参加しているのでしょうか。

 外国為替市場に参加するのはどんな人なんでしょうか？

 大きく分けて投機筋（資本筋）と実需筋に分かれます。投機筋は、利益を狙うために売買している人。実需筋は、商取引の決済など、経済活動上の理由で取引を行う人や組織です。

 私が海外の通販サイトでショッピングしたとき、決済のために金融機関が為替取引を行いますよね。この場合は投機筋と実需筋どちらになりますか？

 買い物の決済のために行っているので、実需筋で、対顧客市場（→P78）で取引されます。実需筋の参加者には、中央銀行や銀行、輸出入企業、**ブローカー**などがいます。

 投機筋にはどんな人がいますか？

 機関投資家や個人投資家などです。いわゆるFXを行う人たちですね。

ブローカー
取引の仲介を行う人や機関。為替市場においては、インターバンク市場（→ P78）で銀行間の為替取引を仲介する。

為替市場の主な参加者

市場の1〜2割を占める！

実需筋　経済活動上のために為替取引を行う人や組織。

日本銀行

市場 **インターバンク市場**

日本円のレートが大幅に変動したとき、変動の勢いを抑えるために外貨を大量に買い付けたり売却したりする（→P114）

銀行

市場 **インターバンク市場　対顧客市場**

銀行同士で持高の調整を行ったり、対顧客市場では個人・企業の両替や外貨決済を行ったりする

輸出入企業

市場 **対顧客市場**

商品・サービスを輸入、輸出した際に必要な外貨の交換や決済を行う

> 換金や代金の支払いなど、生活を支える業務を行います

市場の8〜9割を占める！

投機筋（資本筋）　利益獲得のために為替取引を行う人や組織。

機関投資家

市場 **対顧客市場**

生命保険会社、損害保険会社など、顧客から集めた資産を運用・管理する投資家。大量の資金で取引するため相場への影響力が大きい

個人投資家

市場 **対顧客市場**

機関・組織に所属していない投資家。機関投資家に比べて資金力は少ないが人数は多い

> 投機筋が円安・円高の方向性を加速させることが多くあります

円安になると
輸入品が値上げされる

ここからは円安・円高の影響を解説します。まずは円安。
輸入品を中心とした商品の値上げが発生します。

先生、円安・円高は、立場などによって受ける影響が違うんでしたよね。円安になったときの生活への影響を知りたいです！

最初に挙げられるのは、輸入品の値上げです。特に、日本はガソリンなどの資源をほとんど輸入に頼っているため、燃料代への影響は顕著です。

確かに、すぐ値上がりしますね……。

また、原材料が輸入品であれば円安の影響を受けます。例えば、小麦やトウモロコシの多くは輸入品です。実際に価格転嫁されるまでには時間がかかりますが、円安の影響が長引けば値上げは避けられません。

価格転嫁
原材料費やエネルギー費、輸送費といったコストの上昇を、商品の価格に上乗せすること。消費者の購入意欲が下がりやすいため、慎重に行われる。

事前に円安の対策はできますか？

事前に外貨の資産を持っておくなどすると、円安の影響を軽減できますよ。

円安による生活への影響

円安が進むと、輸入品を中心とした値上がりが発生する。

商品の値上げ（国内製品）

国内で製造したものでも、原材料が
輸入品であれば価格が上昇する

商品の値上げ（輸入品）

小麦をはじめとする輸入品は、円安
になるほど価格が上昇する

主な輸入品

・小麦
・トウモロコシ
・肉、魚
・食用油
・ガソリン
　　　　　　など

その他の影響

海外旅行や海外での
買い物が割高になる

事前にできる円安対策

外貨資産を持つ

円安は円の価値が下がる状態のこと。そ
のため、資産の一部を円ではなく、米ドル
などの外貨に換えておくことで影響を押さ
えることができる。ただし、全額ではなく、
あくまで資産の一部だけにすることで円高
になった際の資産の目減りを軽減させる

外国の株や
投資信託を保有する
のも手です

¥
↓
$

外貨にすると
影響を抑えられる

円高になれば
海外旅行がお得になる

円高になると、有利なレートで円を外貨に換えられるため、
安い費用で海外旅行を行えるなどメリットがあります。

 円安で商品が値上がりするということ
は、円高になれば商品は値下げされるん
でしょうか？

 その通りです。円高になれば輸入のコス
トが少なくて済むため、値下げを行いや
すくなります。ただし、企業ごとの損益
状況なども加味されるので、実際に値下
げされるかは企業の判断によります。

 それでも、値上げが続くよりはいいです
ね。

 円高になれば有利なレートで円を外貨に
両替できるため、海外旅行がお得になっ
たりもしますよ。

 円高になればいいことだらけなんです
ね！　はやく円高になってほしいです。

 消費者の目線から見ると円高は嬉しいで
すよね。ただし、企業の目線から見ると
「円安がだめ」「円高がいい」とはいい切
れません（→P86、88）。

円高による生活への影響

円高が進むと、お得に海外旅行に行けたり、
商品の値下げが行われやすくなったりする。

比較的安価での海外旅行

少ない円で多くの外貨に両替できるため、ホテル代、ショッピングなどを比較的安く行うことができる

商品の値下げ

円高によって原材料費や輸送費のコストが減ったため、輸入を行う日本企業は値下げを行いやすくなる

燃料代の値下がり

円安では燃料の輸入コストが高くなるが、円高では燃料の輸入も安くなりやすい

旅行のために
日本で帽子を
買っちゃった！

消費者目線で
見ればメリットが
多い！

円高では外貨の資産はどうなる……？

外貨資産の価値は目減りする

円安時には価値が上がっていた外貨資産は、円高になると反対に価値が目減りしていく。ただし、価値が減ったからといって無理に資産を手放す必要はない。円安がきたときの保険として保有を続けるとよい

円高でも
保有を継続！

長期的な視点で見れば、
円高は外貨資産を安く
買えるチャンスともいえます

円安で得をするのは
輸出を中心に行う企業

消費者目線で見ると円安はデメリットが多くありました
が、企業目線で見るとメリットもあります。

 今度は企業の目線で円高・円安を見てみ
ましょう。円安のとき、輸入コストがか
さんで利益が伸びづらくなる企業もあり
ますが、得をする企業もあります。

 私の勤め先は、円安の影響で業績が伸び
ました！

 竹田さんの勤め先は輸出を中心に行う企
業だからですね。円安では、外貨を円に
したときお得になります。さらに、外国
から見ると日本に旅行しやすくなるた
め、インバウンド産業にとっても利益に
なります。

 そうだったんですね！

 そして、国の経済力を示すGDPにもメ
リットがあります。GDPの計算には輸
出額が含まれるのですが、円安によって
輸出額が増加するためGDPが押し上げ
られます。ただし、過度な円安によっ
て、世界のGDPランキングで日本の順
位が下がるなど、悪影響もあります。

インバウンド

訪日外国人観光。ま
た、インバウンドに
よって生まれる需要は
「インバウンド需要」
と呼ばれ、経済活性化
のキーワードとして注
目されている。

GDP

国内総生産。一定期間
のうち、国内で生み出
されたモノやサービス
の付加価値の総額。そ
の国の経済力を示し、
GDPが多く、かつ毎
年のGDPが成長して
いる国ほど経済が成長
していることを示す。

GDPランキング

国ごとのGDPを比
較したもの。日本は
2010年から世界第3
位だったが、円安が
進んだ2023年には第
4位になった。各国の
GDPを米ドルに換算
して比較するため、円
安になるほどGDPが
目減りする。

円安から受ける影響の違い

円安になると、輸出企業の業績が伸びやすい。
一方、輸入企業は価格転嫁か利益圧迫の2択を迫られる。

輸出企業
取引量が同じなら、円安では受け取る円が増えるため業績が伸びる

輸入企業
輸入量が同じなら、円安では支払う円が増えるため業績が伸びづらい

インバウンド企業
外国から観光客が訪れやすくなるため、航空、交通、観光産業が盛り上がりやすい

輸出が中心の業種の例
自動車、自動車部品、電機、精密機器　など

円安でGDPが引き上げられる

国の経済力を表すGDP。円安になって外需（輸出ー輸入）が
増えればGDPが引き上げになる。

GDP＝ 一定期間のうち、国内で生み出されたモノやサービスの付加価値の総額

GDP（円）＝ 民間消費 ＋ 民間投資 ＋ 政府支出 ＋ 外需

ただし、過度な円安は順位の低下につながるためマイナスの面もあります

増加

輸出 ー 輸入
↓
円安で輸出額が増える

円高で得をするのは
輸入を中心に行う企業

円高の場合、海外の商品が安く手に入るため、輸入を多く
行う企業にとっては有利な状況にあります。

 輸出企業は円安で得をしますが、反対に
円高で得をするのはどんな企業ですか？

 海外の商品を輸入する企業です。円換算
をしたときに価格が低く算出されるの
で、コストが低くて済み、業績が伸びや
すいのです。

 そういえば、業績が伸びた企業は株価が
上がりやすいって聞いたことがありま
す。円高のときに輸入企業の株を買えば
儲けられるんでしょうか？

 考え方は悪くないですが、うまくいくと
は限りません。多くの企業は、為替の影
響によるダメージを抑えるため、為替
ヘッジなどで為替変動の対策を行ってい
ます。円安のダメージが軽減される代わ
りに、円高のメリットも小さくなること
があります。

為替ヘッジ
将来交換する為替レー
トを事前に決めたうえ
で取引をすることで、
為替変動の影響を抑え
るしくみ。

 なるほど。円高だから必ず儲かるとは限
らないんですね。

円高から受ける影響の違い

円高になると、輸入企業の業績が改善しやすく、
輸出企業は取れる利益の幅が小さくなっていく。

マイナスの影響

プラスの影響

マイナスの影響

輸出企業

輸出量が同じなら、輸出企業の場合は価格競争力が落ちる（下がる）ため業績が伸びづらい

輸入企業

取引量が同じなら、円高では支払う円が減るため業績が伸びる

インバウンド企業

外国から観光客が訪れづらくなり、観光産業が停滞する

輸入が中心の業種の例
小売、食品、紙・パルプ、木材など

為替変動の影響を抑える企業の取り組み

企業は、決済のときの為替レートをあらかじめ決めておく「為替予約」「先物為替予約」などを使って為替変動のリスクを抑える取り組みをしている。これを為替ヘッジという。

輸入企業

**円安が怖いから
為替ヘッジを
行います！**

円高がすぐに業績向上に直結するわけではありません

円安になったら……
為替ヘッジのおかげでマイナスの影響を抑えられる

円高になったら……
為替ヘッジのためにプラスの影響も抑えられる

ニュースからわかる為替の影響
為替レートの変動と
企業の業績を確認しよう

Q 為替は円安か円高のどちら？
最高益になったのは輸出企業、輸入企業か？

下に、3つのニュース記事を掲載しました。最初の2つは、2021年10月の米ドル円相場と、その1年後である2022年10月の米ドル円相場です。

この2つを比べて、為替が円安・円高のどちらに向かったかを考えてみてください。

3つ目は、為替の変動などを理由に商船三井が増益する見通しという報道です（●●には、円安か円高が入ります）。この記事から、商船三井が輸入企業か、輸出企業かを考えてください。

2021年10月～2022年10月の報道

日本経済新聞（2021年10月29日）
外為17時　円、ほぼ横ばい圏
113円台半ば　対ユーロは下落

29日の東京外国為替市場で円相場はほぼ横ばいだった。17時時点は1ドル＝113円59～60銭と、前日の同時点に比べ1銭の円高・ドル安だった。

日本経済新聞（2022年10月31日）
外為17時　円、続落
148円ちょうど近辺
日米金利差の拡大で

17時時点は1ドル＝148円01～02銭と、前週末の同時点に比べ94銭の円安・ドル高だった。

日本経済新聞（2022年10月31日）
商船三井が2期連続最高益
コンテナ船好調　今期最終

商船三井は31日、2023年3月期の連結純利益が前期比11％増の7900億円になるとの見通しを発表した。（中略）ドル収入が大半とされる国際海運業界では●●は業績にプラスに働く。

A 為替相場は円安で、商船三井は輸出企業

まず、為替の変動を伝えた2つの記事を見てみましょう。

2021年10月には1ドル＝113円台だった米ドルのレートが、1年後には1ドル＝148円台になっています。レートの数字が上がっていると円安を示すため（→P26）、この1年の間に円安が進行したことがわかります。

3つ目の記事には、企業の増益が記載されているため、輸出を行っている企業だとわかります。米ドルで受け取った売上を円に両替するとき、円安であれば両替後の円が多くなります。

こうした企業は、円高方向に向かうと利益が目減りするため、為替予約などの対策を取ります。

米ドル円における為替レートの変動

2021年10月
米ドル円
1ドル＝113円台

2022年10月
米ドル円
1ドル＝148円台

円の価値が下がった＝円安

\ 為替対策① /
為替予約

決算がまだ行われないタイミングで、あらかじめ決済で使う為替レートを決めて売買を行うこと。為替予約後に円高・円安に振れても決済するレートは決まっているので受ける影響は少なくなる。

\ 為替対策② /
ドル建てで調達／円建てで決済

そもそも原材料の調達を米ドルで行う（ドル建て）か、海外企業からの入金を円で受け取る（円建て）にすることで為替の影響を減少させる方法。

こうした取り組みにより、円高・円安でも利益を維持する企業はあります

外国為替の
中心は米ドル

世界で取引される通貨のうち、米ドルの流通量とそれによ
る信頼性は国際的にトップです。

通貨って種類が多いですよね。それぞれ
の特徴を教えてほしいです。

まず米ドルから説明しましょう。米ドル
は世界規模で流通量が最も多い通貨で
す。アメリカのファンダメンタルズも安
定しており、相場の変動は新興国に比べ
ると安定的です。

なるほど。では、どういったときに大き
く変動するんですか？

アメリカの経済環境が悪化すれば、米ド
ルも下落しやすくなります。

今後アメリカの経済環境が悪化して、米
ドルが暴落する可能性ってあるんですか
……？

ないとはいいきれません。ですが、ほと
んどの通貨は米ドルと関連があり、アメ
リカ自体の人口増加による市場拡大の展
望が見えているので、成長の可能性のほ
うが大きいとされています。

ファンダ
メンタルズ

経済の基礎的条件。そ
の通貨が発行される国
の GDP や物価、経済
収支、失業率などの経
済状況のこと。

基軸通貨のしくみと流通量

基軸通貨をもとに世界中で貿易されている

取引　　　基軸通貨　　　取引

円　⟺　米ドル　⟺　ユーロ など

- 為替取引の中心となる通貨
- 米ドル以外の通貨同士を両替する際は、米ドル（基軸通貨）を仲介する

基軸通貨である米ドルは流通量が多い

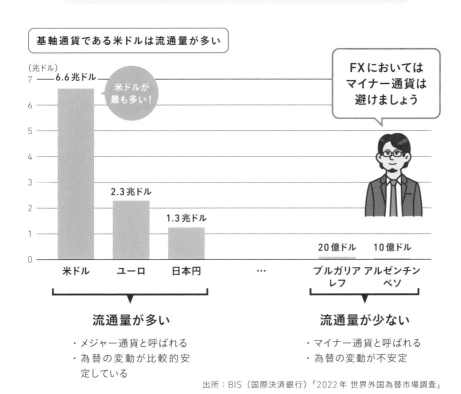

（兆ドル）

FXにおいては
マイナー通貨は
避けましょう

- 6.6兆ドル　米ドルが最も多い！
- 2.3兆ドル
- 1.3兆ドル
- 20億ドル
- 10億ドル

米ドル　ユーロ　日本円　…　ブルガリア レフ　アルゼンチン ペソ

流通量が多い
- メジャー通貨と呼ばれる
- 為替の変動が比較的安定している

流通量が少ない
- マイナー通貨と呼ばれる
- 為替の変動が不安定

出所：BIS（国際決済銀行）「2022年 世界外国為替市場調査」

動きを読みやすい
ヨーロッパのユーロ

ヨーロッパで使われている通貨ユーロは、第2の基軸通貨ともいわれており、米ドルに次いで取引されています。

 次はユーロについて説明します。ユーロは主にヨーロッパで使われる共通通貨で、米ドルに次ぐ取引量があります。

 多国間で使われるんですね。どこの国がユーロを発行しているんですか？

 ECB（欧州中央銀行）の本部がドイツにあり、ここで発行しています。

 それだけ流通量があると、値動きは安定するんでしょうか？

 基本的には安定していますが、加盟国の経済危機状況などの影響で揺れることもあります。

 なるほど。米ドルとユーロの関係についても教えてください！

 ユーロは第2の基軸通貨とも呼ばれています。米ドルが不安視されたときの逃げ道と考えられているため、米ドルが売られるとユーロが買われやすくなります。

ユーロ

ユーロ導入国の主要通貨。メインで使用しているのはEU加盟国だが、非加盟国のなかでも使用している国がある。

**ECB
（欧州中央銀行）**

European Central Bankの略で、1998年に設立されたユーロ圏20か国の金融政策を決定する中央銀行。ユーロ圏全体の金融政策を取り仕切っている。

ユーロはどこで使われているのか

ユーロは、EU（欧州連合）の加盟国を中心に使用される通貨。

\ ユーロを使用する主な国 /

- ・ベルギー
- ・フィンランド
- ・フランス
- ・ドイツ
- ・ギリシャ

- ・イタリア
- ・オランダ
- ・ポルトガル
- ・スロベニア
- ・スペイン

などのEU加盟国

ユーロの歴史

1999年から欧州中央銀行（ECB）がユーロを発行

厳密には、EUの非加盟国である
モナコやバチカンなどでも
ユーロは使用されています

ユーロ、米ドル、円の関係

米ドル、ユーロ、日本円は世界の取引量トップ3に入る。それぞれの通貨の価値は連動している。

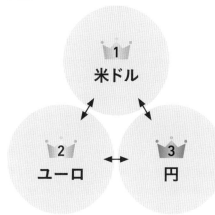

**この3つの通貨の
力関係で為替レートが動く**

※2023年1月〜10月の関係
米ドル円➡米ドル高円安
ユーロ米ドル➡米ドル高ユーロ安
ユーロ円➡ユーロ高円安

\ 3つの通貨の関係 /

米ドル＞ユーロ＞円

値動きが激しい
イギリスの通貨ポンド

イギリスではポンドという独自の通貨が使われます。ポンドは、世界で4番目に多く取引される人気の通貨です。

そういえば、イギリスはユーロを導入していないんですね。なんの通貨が使われているんですか？

ポンドという通貨が使われており、取引量は世界4位です。ユーロ圏の金融政策はECBが決めるので、それを嫌ったイギリスはユーロを導入しなかったのです。

ポンドも値動きは安定的なんですか？

いいえ。米ドルやユーロより流通量が少なく、値動きは激しい傾向にあります。

メジャー通貨でも傾向が違うんですね。同じヨーロッパの通貨ですし、ユーロと値動きが関連しているものだと思っていました。

確かに、地理的に近いイギリスとユーロ圏の経済動向は似た動きを見せることがありますが、**ボラティリティ**が大きい点には留意しましょう。

ポンド
イギリスの通貨。スターリングポンドやクィドポンドなどの呼称がある。米ドルが基軸通貨となる以前は国際的な決済通貨として扱われていた。

ボラティリティ
値動きの幅のこと。ここでは為替レートの値幅を指す。

ポンドの特徴について知ろう

ユーロを導入しなかったイギリス

イギリスは1973年にEUに加入し、2020年に正式に脱退した。EU加盟中もイギリスはユーロを導入せず、ポンドを使い続けた。

ユーロを導入しなかった理由

● **金融政策**
ユーロ圏の金融政策はECBが決めることになる。イギリスは自主的に金融政策を行うため導入しなかった。

● **ユーロ導入条件**
ユーロの導入条件は厳しく、イギリスは適さなかったため導入できなかった。

**国民投票で
ユーロ導入が
否決された!**

ユーロとポンドの取引量の比較（2022年）

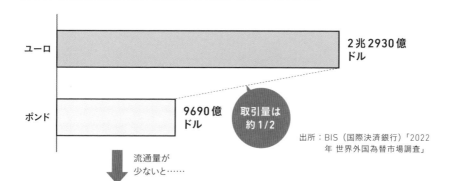

ユーロ　2兆2930億ドル

ポンド　9690億ドル

取引量は約1/2

出所：BIS（国際決済銀行）「2022年 世界外国為替市場調査」

流通量が少ないと……

値動きが大きくなる

・投機の対象になりやすく、値動きが多きく上下する

・ほかのメジャー通貨に比べて高い金利が付く

かつては基軸通貨として使われていましたが、今は取引量が大きく減少しました

価値の下落が起きやすい
フラジャイル5

経済的な基盤が不安定な5つの国の通貨をまとめて「フラジャイル5」と呼ぶことがあります。

次は「フラジャイル5」について解説します。ブラジルレアル、インドルピー、インドネシアルピア、トルコリラ、南アフリカランドが該当します。

フラジャ……イル……？　どういう意味なんですか？

フラジャイルは「壊れやすい、脆弱な」という意味で、ここでは経済基盤が弱い国の通貨を指します。

そんな国の通貨を持つのは不安です。

国の経常赤字や不安定な政治、高いインフレ率などがリスクとして挙げられます。ただし、リスクがある分、ほかの通貨より金利が高いためFXの対象とされることがあります。

インドやインドネシアは経済が成長中と聞きますし、通貨の価値が上がっていきそうですよね。

経常赤字
貿易やサービスにかかるお金の出入りを示す経常収支がマイナスであること。

インフレ率
物価の上昇率を示す数値。インフレ率が高いほど物価の上昇が激しいことを示す。CPI（→P138）として公表される。

高金利だが不安定なフラジャイル5

2013年に大きく為替レートが下落した新興国のなかでも、当時特に不安定とされた5つの通貨を「フラジャイル5」と呼ぶ。為替レートは不安定だが、将来的な成長を期待される国もある。

\ 人口世界2位！ /

インドルピー

アジアのなかでは6番目に取引量が多い通貨。インドは若い人口が多く、労働力の増加による経済発展（人口ボーナス）に期待されている

\ 人口ボーナスに期待！ /

インドネシアルピア

インドに次いで人口ボーナスが期待されるインドネシア。一方で、政治的な不安定さが懸念されている

\ 鉱物資源が豊富 /

南アフリカランド

南アフリカは金やダイヤモンド、プラチナといった鉱物が豊富ないわゆる資源国。通貨であるランドも、金の価格に影響を受けやすい

\ 不安定だか高金利 /

トルコリラ

フラジャイル5のなかでも特に金利が高いことで知られているリラ。しかし、周辺国同士の衝突が多く、政治的に不安定な点や、高いインフレ率などで為替は不安定

\ インフレ率が高め /

ブラジルレアル

1990年代は驚異的なインフレが発生したブラジル。インフレ率は徐々に落ち着いてきたが、ほかの先進国に比べるとまだ影響は残るため、通貨も不安視されている

変化しつつある通貨の分類

フラジャイル3

経済成長が著しいインドとインドネシアを除く、南アフリカランド、トルコリラ、ブラジルレアルの呼び方

BRICS

多数の人口と豊かな資源があり、経済成長が見込まれるブラジル、ロシア、インド、中国、南アフリカの5カ国のこと。通貨の価値の上昇も期待されている

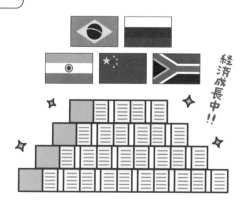

経済成長中!!

世界ではさまざまな通貨が取引される

世界には 180 種類以上に及ぶ通貨があります。しかし、世界の為替市場で頻繁に取引されている通貨は限られます。

さまざまな通貨が取引されるということは、米ドルと関係なく円が強くなることもあるということですか？

そうですね。例えばユーロで円の需要が高くなると、円がユーロ圏へ流出して円の価値も高まります。すると、米ドル円では円高になります。

ほかの通貨に対して強ければ、米ドルに対しても強くなるということですね。

しかし、日本円は、主に米ドルと取引されています。2022年、全世界の為替取引のうち、ユーロ円の取引量が1.4％だったのに対し、米ドル円の取引量は世界第2位の13.5％。やはり米ドルとの関係が大きいです。

そうだったんですね！

ほかにはスイスフランや人民元、ブラジルレアルなどとの取引が多いようです。

人民元
中華人民共和国の通貨。元と呼ばれることも多い。為替市場における取引量は5番目に多い。

世界で取引されている通貨ペア

外国為替市場では、ここまで説明したとおり、米ドルが最も取引されている。その米ドルと多く取引されている通貨が、結果的に為替市場で多く取引されている通貨。

通貨ペア	シェア
米ドルユーロ	22.7
米ドル円	13.5
米ドルポンド	9.5
米ドル人民元	6.6
米ドルカナダドル	5.5
米ドル豪ドル	5.1
米ドルフラン	3.9
米ドル香港ドル	2.4
米ドルシンガポールドル	2.3
ユーロポンド	2.0
米ドルウォン	1.7
米ドルルピー	1.6
米ドルメキシコ	1.4
ユーロ円	1.4
米ドルニュージーランドドル	1.3
その他の対米ドルの通貨ペア	11.1
その他の対ユーロの通貨ペア	4.4
その他	3.7

出所：BIS（国際決済銀行）「2022年 世界外国為替市場調査」

米ドルとの取引が8割以上を占める！

日本円も米ドルやユーロとの取引が主です

＼ 資源国通貨の取引量も多い ／

豪ドルやカナダドルは、資源を大量に輸出している国の通貨であり、その資源を他国が買うために取引量が大きくなる傾向にある。そのほか、香港ドルは米ドルと値動きが連動するドルペッグ制度を採用しているなど、通貨ごとに特徴がある。

外国為替市場では、米ドルを中心に取引されている

GDP世界第2位の中国の通貨である人民元も、取引量は米ドルの12分の1ほどです

ドルストレートと クロスレートとは？

基軸通貨である米ドルが入った通貨ペアをドルストレートと呼び、それ以外の通貨ペアをクロスレートと呼びます。

米ドル円の為替レートの読み方はすでに解説しましたが（→P76）、米ドル以外の通貨同士の場合、計算がやや複雑になります。

米ドル以外……ユーロ円や、ユーロ英ポンドなどの組み合わせですか？

その通りです。これらの通貨ペアは、実は一度米ドルを経由しています。例えばユーロ円の為替レートは、ユーロ米ドルの為替レートに米ドル円を掛けることで算出されるのです。このように、多通貨を用いた為替レートはクロスレートと呼ばれます。

じゃあ、米ドルとほかの通貨の組み合わせは何て呼ぶんですか？

米ドルが入った通貨ペアは「ドルストレート」と呼びます。ほかにも、クロス円と呼ばれる通貨ペアもあります。為替レートの把握やFXで使われるので覚えておきましょう。

クロスレート

米ドルを除いた他通貨間の為替レート。また、米ドルを除いた他通貨間の通貨ペアは「クロス通貨」と呼ばれる。

クロス円

円が入った通貨ペアのこと。ユーロ円や英ポンド円といったペアが該当する。米ドル円はドルストレートに分類されるため、クロス円に含まれない。

ドルストレートとクロスレートの違い

ドルストレート

米ドルが入った通貨ペアの為替レート。間にほかの通貨は介入せず、ペアとなった通貨が直接取引される。

| ユーロ 米ドル | 英ポンド 米ドル | 米ドル円 | 米ドル 人民元 | など |

⟹ **米ドルとその他の通貨が直接取引されている**

クロスレート

米ドルを除いた他通貨間の為替レート。実際は米ドルを介して取引されるため、米ドルの動向も影響を与える。

例 ユーロ円の算出方法

| 米ドル円
（ドルストレート）
130円 | × | ユーロ米ドル
（ドルストレート）
1.2ドル | = | ユーロ円
（クロスレート）
156円 |

＼ さらに覚えたい！／

「クロス円」という通貨ペア

| ユーロ円 | 豪ドル円 |
| ポンド円 | NZドル円 |

 米ドル円

円を含む通貨ペアを「クロス円」と呼ぶ（ただし米ドル円を除く）。クロス円が軒並み下がると、円の価値が世界的に低下しているとわかる。

「クロス円」はニュースにも出てくる単語なので押さえておきましょう

ニュースからわかる為替の影響

為替レートの変動要因を考察しよう!

Q　豪ドル高円安が進んだ理由は何?

　下のチャートは、豪ドル円の為替レートを示したものです。チャート上の四角形は値動きを示すローソク足で（→P157）、このチャートでは1本のローソク足が1週間分の値動きを示す「週足」を使っています。

　チャートが上に向かうほど豪ドル高円安を示し、チャートが下に向かうほど、豪ドル安円高を示します。このチャートでは豪ドル高円安が進んでいますが、その理由はなぜでしょうか。ヒントは、2022年2月からロシアによるウクライナ侵攻が始まったことと、オーストラリア（豪）は石油、ガスなどの天然資源が豊富な「資源国」であることです。

2021年7月〜2022年9月の豪ドル円の為替レートの推移

Ⓐ　エネルギー価格が上昇したため

　豪ドル高円安が進んだ理由はいくつか挙げられますが、まず考えられるのはエネルギー価格の上昇です。

　2022年2月、ロシアがウクライナ侵攻を開始したことで、世界的に石油をはじめとするエネルギーの需要が高まりました。その影響で、石油の価格は2022年3月をピークに急上昇しました。オーストラリアは石油、ガス、炭鉱をはじめとする資源が豊富にあるため、エネルギー価格の上昇は国の経済状況の好転につながります。そのため、大きく豪ドルの価値が高まり、相対的に円の価値が下がることで、豪ドル高円安が

進んだといえます。加えていうと、オーストラリアの中央銀行は、2022年5月、政策金利を0.1％から0.35％へ引き上げました。当時、オーストラリアでは物価が上昇していたことから、インフレを抑えるために金利の引き上げに踏み切ったのです。

　実は、金利の高い国の通貨は人気が高まりやすく、金利の低い国の通貨は人気が下がりやすいのです。

　日本は利上げをせず、オーストラリアが利上げを行ったため、金利差が開き、豪ドルの人気が高まった点も理由に挙げられます。

2021年7月～2022年10月の
豪ドル円の為替レートと原油価格の推移

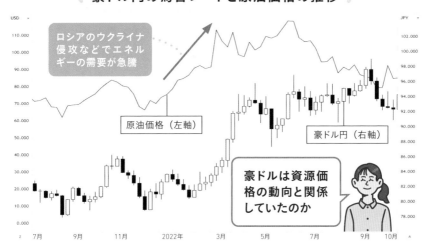

「円安」は日本経済にとって
悪いことなの?

[立場によってよいことにもなる。
ただし、急激に円安が進むのは問題]

2022年4月下旬、急激に円安が進み、1ドル＝131円台を記録しました。

1ドルが130円を超える「円安」は実に20年ぶりの出来事であったため、当時はTVのニュースなどで大々的に報じられることとなりました。円安は海外からモノを輸入する価格が上昇します。エネルギーや食料の多くを海外に依存する日本では、円安は物価を引き上げる「悪いもの」として見られがちです。

ほかにも、海外に旅行する際に円を外貨と交換すると目減りしたような印象を受けます。

しかし、日本人が海外旅行をすると高くつくということは、言い換えれば、外国人にとって日本旅行は安く済むということ

です。であれば、円安は海外からの観光客を増やすチャンスとなります。

円安にはメリット、デメリットがありますが、そのどちらを体感しやすいかで、印象が変わります。

1ドル130円を突破した当時、多くの日本人にとって、円安のデメリットのほうが体感しやすかったということです。

冒頭の問題に戻ると、1ドル130円という水準自体が問題ではありません。問題は急激に円安が進んだ点にあります。

ただし、急激に円高が進んでも同じように問題です。メリットを享受する一方で、デメリットに対応しきれなくなり、経済に悪影響が出てしまいます。

第 **4** 章

金利と為替は
誰が動かしている?

〈 STORY 〉

竹田と宮野は、さらに金利と為替の理解を深めるために、「誰が」この2つを動かしているのかを学ぶことになりました。2人と一緒に、金利と為替はいつ、どんなときに動くのかを学びましょう。

金利を
変更します

日銀や市場が
金利・為替を動かす

日本銀行の政策は、金利と為替を変動させる重要な要因です。また、債券市場・外国為替市場での動向も関わります。

金利と為替は、主に金融政策や市場の動向によって変動します。まず重要なのは、日本銀行が行う金融政策ですね（→P109）。また、日銀は為替に影響を与える**為替介入**を行ったりもします。

どんな取り組みなんですか？

為替の急速な動きを緩める取り組みです。為替は、投機的な資金の影響で円高・円安の勢いが加速することがあるため、そうしたタイミングで実行されます。

急な円高や円安は悪い影響が出やすいんでしたよね。

政府は、金利や為替を動かす政策を行っていないんですか？

政府は、直接的に金利や為替を操作していません。景気を調整する**財政政策**を行うことで、間接的に金利や為替に影響が出ることはありますが、あくまで副次的な作用です。

為替介入

正式名称は外国為替市場介入。財務省・金融庁・日銀からなる通貨当局が行う。

財政政策

政府が行う、経済に影響を与える政策のこと。増税や減税、公共事業の拡大などが挙げられる。中央銀行が行う金融政策と同様に、経済政策の根幹となる。

金利・為替に影響を与える主なプレイヤー

ここでは、金利・為替を動かすプレイヤーとして、
日本銀行や政府、機関投資家、投資家をピックアップして解説する。

中央銀行

金融政策を通じて金利を変動させる。また、為替が急激に変動したときに限り、為替介入を行って為替レートを調整する。

金利を動かす

金融政策

政策金利を調整すること。また、日本ではYCCによって市場の長期金利を操作するために、国債の買い入れを行っている

為替を動かす

為替介入

為替が急激に変動した際に、勢いを和らげるために大量に円や外貨を購入・売却することをいう

政府

景気を調整する財政政策を行う。直接的に金利や為替を操作することはないが、政府が行う財政政策によって間接的に為替や金利が変動することはある。

間接的に金利を動かす

財政政策

政府の収入（歳入）や支出（歳出）を調整することで経済を変動させる政策。セオリーでは減税や公共事業を行うことで景気が活性化する

> 財政政策で景気が
> 変わることで間接的に
> 日本銀行の金融政策にも
> 影響を与えます

投資家（市場）

資金力のある投資家が活発に売買をすることで為替レートが動く。また、債券市場でも10年物の国債の需要が高まれば金利は下がり、需要が下がれば金利が上がる。

金利・為替を動かす

機関投資家

金融機関に所属し、多額の資金を動かす投資家のこと

金利・為替を動かす

海外投資家

日本国外から日本円や日本の債券を売買する投資家

2013年から始まった 質的・量的緩和とは？

ここからは日本銀行が行った具体的な施策を見ていきます。まずは質的・量的緩和について解説しましょう。

 金融政策は中央銀行が行う、物価を安定させるための施策です。特に、日本では2013年から行われた「質的・量的金融緩和」がよく知られています。

 よくニュースでも目にする言葉ですよね。どんな話なんでしょうか？

 2013年までは日本銀行が金利を操作することで物価を調整していたのですが、2013年からは金利ではなく**マネタリーベース**を調整するようになりました。要は、市場にお金を大量に供給して好景気を呼び込もうということです。これを量的緩和と呼びます。

 じゃあ質的緩和とは何ですか？

 買い入れる国債の期間を伸ばしたり、国債以外の**ETF**といった資産も買い入れることです。日本は長い間デフレ（→P22）に陥っていたので、この政策によって実質金利を下げ、経済と物価を好転させ、デフレから脱却しようとしたのです。

マネタリーベース

市中に出回るお金のこと。資金供給量。量的緩和で日本銀行が国債を大量に買うと、日銀が買った分だけお金が市場に出回る。

ETF（上場投資信託）

金融商品取引所に上場している投資信託。通常、投資信託は1日1回の取引だが、ETFは株のように、市場の開場時間であればいつでも取引できる。

質的・量的緩和のシナリオ

日本銀行が金融機関から国債を大量に買う「量的緩和」と、国債の期間を伸ばしたり、ETFの買い入れも行う「質的緩和」を行い、デフレ脱却（物価上昇）を目指した。

① 日本銀行が国債を買い入れる

日本銀行

日本銀行が市場の金融機関から国債を買い入れたり（量的緩和）、ETFを大量に買い入れる（質的緩和）

② 市場にお金が増える

金融機関

資金が増加したからたくさん融資を行おう！

金融機関は、日本銀行へ大量に国債やETFを売ったことで資金が増加。市場に流通するお金が増える

③ 企業の経済活動が活発になる

銀行　　融資　　企業

市場に流通した資金は、融資を受けたい企業に貸し出される。企業はその資金をもとに事業を展開する

④ 物価が上昇（デフレからの脱却）

企業　　消費が増加　　消費者

企業が事業活動を活発に進めた結果、消費も増加し、好景気になることでデフレから脱却できると考えられている

日本銀行②

日本銀行が長期金利を操作する「YCC」

デフレ脱却のため、2016年からは日本銀行が長期金利を操作するYCCという政策が開始されました。

 2013年から開始された質的・量的緩和に加えて、2016年9月からはYCC（イールドカーブ・コントロール）という政策が始まりました。ざっくりいうと、日本銀行が国債を大量に購入して、長期金利を抑える政策です。

 前に「日本は長期金利が操作されている」って話してましたね（→P50）。

 その通りです。国債は、大量に買われるほど価格が上がり、金利が下がります。金利が上がりすぎると経済が停滞してしまうため、日本銀行が国債を大量に買い入れるようになったのです。

 質的・量的緩和も国債を買う政策なんですよね。YCCとは何が違うんですか？

 量的緩和の目的は市場にお金を提供することで、購入額が決まっています。一方、YCCの目的は長期金利を抑えることです。日本銀行の定めた上限を長期金利が超えないように買い入れを続けます。

YCC
（イールドカーブ・
コントロール）

2016年9月から始まった金融政策の一種。長期金利について、日本銀行が定めた上限の％を超えないように、日本銀行が国債を購入する。

長期金利の上昇を抑えるYCCのしくみ

① 債券市場で長期金利が上昇する

債券市場 → 債券価格が低下 &金利が上昇 → 投資家

原則、長期金利（10年物国債金利）は債券市場で決まる。例えば、債券価格が下がれば自動的に金利が上昇していく（→P60）。

② 日本銀行が国債を買い入れる

日本銀行 → 大量に購入 → **債券市場**

長期金利が上昇すると、融資やローンなどほかの金利も連動して上がるため、経済の停滞を招いてしまう。そこで、日本銀行が国債を大量に買い入れる。

③ 国債が買われることで金利が下がる

国債の需要が増加（＝日銀による国債の購入） 需要の増加で国債価格が上昇 国債価格が上がれば金利が下がる

日本銀行が国債を大量に買い入れることで債券価格が上昇。債券価格が変化することで、金利が自動的に低下する。日本銀行は、長期金利が上限を超えないように国債を購入し続ける。

YCCの上限は
何%なんですか？

2023年7月に上限が0.5%から1%へ、
2023年10月に上限が1%を目途、と
段階的に引き上げられています

急な為替の変動が起きたときに介入する

為替の急激な変動に対応するのは、日本銀行が担う役割のひとつです。どのように介入するのでしょうか。

 為替介入とは、為替の急激な変動を抑える取り組みです。例えば、急激に米ドル高円安が進んだとき、**通貨当局**は保有する米ドルを売ります。

 米ドルを売って円が買われると、どうなるんでしたっけ？

 円がたくさん買われるということは、円の需要が増えているということ。つまり、為替が円高の方向に誘導されます。

 なるほど！　じゃあ、急な円高が進んだときは、反対に米ドルを買って円を売ればいいということですね。

 日本銀行が為替介入をし続ければ、為替の相場も操作できるんですか？

 為替介入には大量の資金が必要ですし、強引に進めると相手国と軋轢が生まれかねません。アメリカでは20年間行われていませんし、日本で2022年9月に行われた為替介入も約10年ぶりでした。

通貨当局
通貨政策を担当する政府部局、中央銀行。日本では財務省・金融庁・日銀。為替介入は財務省主導で決定し、日銀が実行する。

日本銀行が行う為替介入

為替介入 ＝ 日本銀行が、外国為替市場で円や外貨を売買すること。効果が出るまで何度も行うこともある

財務省

為替市場の状況を確認した財務省が、為替介入の実施を決定・指示を出す

明確な実行の基準はない

日本銀行

財務省からの指示に従って為替介入を実行

> 日銀の出番！

米ドル高円安のとき
円買い・米ドル売りを実行する

> 円高の状況をつくる！

米ドル安円高のとき
円売り・米ドル買いを実行する

> 円安の状況をつくる！

外国為替市場

円高・円安の勢いが落ち着く

> 為替介入の効果は必ず現れますか？

> 場合によりますが、一時的に急速な円安を足止めするくらいの効果は期待できます

チャートかわらわかる為替介入の影響
為替介入の
結果を確認しよう

Q　3回の為替介入が行われたのはいつ?

下のチャートは、2022年8月〜11月の米ドル円の為替レートです。チャートが上に向かうと米ドル高円安を示し、チャートが下に向かうと、米ドル安円高を示します。また、このチャートはローソク足（→P156）1本で1日分の値動きを示しています。

2022年は急激に円安が進んだため、日本銀行が3回為替介入を行いました。その結果、チャート右端ではチャートが下を向き、米ドル安円高方向に向かいました。114ページの内容を参考に、選択肢①〜⑤のうち、為替介入の実施日を推測して3つ選んでください。

2022年8月〜11月の米ドル円の為替レートの推移

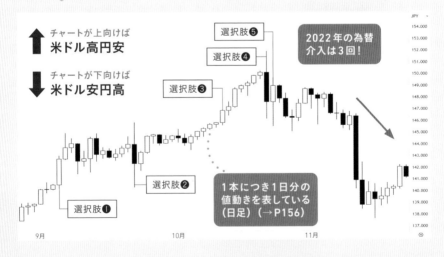

チャートが上向けば
米ドル高円安

チャートが下向けば
米ドル安円高

選択肢❺
選択肢❹
選択肢❸
選択肢❷
選択肢❶

2022年の為替介入は3回！

1本につき1日分の値動きを表している（日足）（→P156）

9月　　10月　　11月

A 選択肢②、④、⑤が為替介入の実施日

為替介入が行われたのは、選択肢②、④、⑤の日です。

まず、為替介入の効果についておさらいしてみましょう。急激な円安が進んだときは、為替介入によってそのスピードを緩める効果があります。これを踏まえたうえで選択肢①〜⑤を見ると、選択肢①は円安がどんどん進行していることがわかります。また、選択肢③も同様に、円安方向に急速に向かっている途中であることがわかります。一方で選択肢②、④、⑤の直後ははいずれも円安の勢いが停滞しており、為替介入の効果があると推測できます。

1回目の為替介入が実施されたのは2022年9月22日。米ドルを売り、円を買うために使った金額は2.8兆円です。2回目の介入は、2022年10月21日に行われ、費用は2倍となる5.6兆円でした。

最後は2022年10月24日に行われ、0.7兆円が使われました。

このように、為替介入は複数回にわたって行われることもあります。ただし、為替介入の効果は一時的なもの。根本的な原因を解決するわけではないため、為替介入の効果がいつまでも継続すると考えるのはやめましょう。

2022年8月〜11月の米ドル円の為替レートの推移

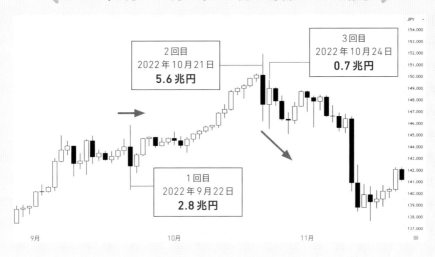

減税は日本経済を
回復に導くか？

減税は、消費を活発にさせ、景気を復活させる効果がある
とされています。しかし、リスクもあります。

増税、減税や公共投資など、政府が歳
入・歳出を調整する政策を財政政策と呼
びます。税率が低すぎると格差が拡大し
たり、物価が上昇したり、景気が過熱し
たりしますが、高すぎても消費が冷え込
みます。難しい問題ですが、現在の日本
において、減税は経済回復の手段となり
得ます。

そうなんですね！

給付金を配っても消費されずに貯蓄され
ることが多いですが、例えば消費税が減
税されれば消費者が商品を購入しやすく
なり、購買意欲が上がります。

消費税の減税が、金利や為替に影響する
んでしょうか？

間接的な影響はあるでしょう。ただ、減
税の効果が確認できず、逆に格付け機関
が財政状態を不安視すれば、国の格付け
が下がって金利が上昇する可能性も考え
られます。

格付け
格付けが高いほど金利
が低く、格付けが低い
ほど金利が高くなる。

財政政策による金利への影響

\ 解説 /
財政政策　政府が歳入や歳出を調整することで経済に影響を与える政策

日本銀行が行うのが金融政策、政府が行うのが財政政策です

\ 減税の場合 /

① 政府が減税を行う

消費者

買い物をしよう！　→　好景気になる

減税は財政政策の一種。給付金の支給よりも消費を刺激する効果がある。

②格付け機関が格付けを見直す

格付け機関

財政基盤を確認　→　格下げされる可能性がある

格付機関が「減税によって財政基盤が不安定になった」と判断すれば、国債の格付けが引き下げられる可能性がある。

③格付けが下がれば金利が上がる

投資家

格付けが低いなら金利を上げてほしい　→　金利が上昇

格付けが低い国は国債金利が高くないと投資家が魅力を感じないため、金利が上昇し、預金金利やローン金利などの上昇にもつながる。財政政策が直接金利を変えるわけではないが、間接的に影響を与える可能性がある。

機関投資家
①

大量の債券・通貨の 売買で相場が動く

日本銀行や政府のほか、投資家も金利と為替を変動させます。なかでも「機関投資家」の動向には注目が必要です。

 投資家には個人投資家と機関投資家の2種類がいます。

 個人投資家はそのまま、個人で投資する人ですよね。機関投資家はどんな人なんですか？

 機関投資家は、預かった資金をもとに資産を運用する法人です。資金力があるため、相場への影響力があります。

 具体的にどれくらいの額が動きますか？

 2022年度、債券の流通市場（→P68）における利付債の取引額は、ひと月およそ108.8兆円でした。

 1カ月でこれだけということは、1年では1000兆円を超える計算になりますね！

 そうなんです。もちろん、外国為替市場や株式市場でも機関投資家は売買を行っています。機関投資家の動向で値動きが加速することがあります。

個人投資家
組織・機関に所属せず、各市場で資産を運用する投資家。

機関投資家
顧客からの資金を管理・運用する法人の投資家の総称。一般的に機関投資家とされるのは生命保険会社や損害保険会社、信託銀行などである。

利付債
定期的に利息が支払われる債券（→P162）。

多額を運用する機関投資家のしくみ

機関投資家は、顧客から預かった資金をもとに運用する法人。

顧客

機関投資家に資金を提供する。機関投資家が生命保険会社であれば保険加入者が顧客、銀行であれば預金者が顧客に該当する。

 商品を購入（資金を提供）

投資商品を運用！

機関投資家

生命保険会社、損害保険会社、信託銀行、銀行、信用金庫、年金基金、共済組合、農協など。
顧客からの資金をもとに投資商品を運用する。

 商品を購入・運用

大量の資金で市場に影響を与えます

債券市場・外国為替市場

機関投資家の大きな資金力で相場が影響を受ける。

＼ 投資信託も影響！ ／

ファンドマネージャーも市場に参加

投資信託とは、ファンドマネージャーと呼ばれる投資の専門家が、複数の金融商品を運用する商品。債券、株、為替などが組み込まれる。ファンドマネージャーも機関投資家といえる。

機関投資家は、個人投資家では扱えない金額を使って相場に影響を与えます

機関投資家②

投機筋や海外の投資家が一時的に金利を動かす

国内相場を動かすのは国内の機関投資家だけとは限りません。海外の投資家も参加することがあります。

投機筋や海外の投資家も相場の変動をもたらします。例えば、1997年には**アジア通貨危機**という出来事がありました。投機筋がタイの通貨であるバーツを大量に売り込んだ結果、バーツの相場が暴落したのです。

なんでそんなことをしたんですか！

投機筋にとって利益になるからです。また、海外投資家の影響も無視できません。

日本の市場の話なのに、海外の投資家が関係あるんですか？

海外投資家も日本の国債を保有しています。海外の投資家の間で「日本の国債は売りだ」という論調が出れば、一気に売りに出されます。

国債が売られたらどうなるんですか？

債券価格が下がるため、金利が上がると考えられます。

投機筋

利益を狙うために投資を行う人。80ページでは外国為替市場で通貨を売買する投資家として解説したが、利益を目的に短期的な売買を行う投資家であれば、株や債券に投資する場合でも投機筋と呼ぶ。

アジア通貨危機

1997年、タイバーツが大量に売りに出されて暴落したことをきっかけに、アジア各国の通貨が大幅に下落した経済危機のこと。マレーシアやインドネシア、韓国が影響を受けた。

為替市場における投機筋の影響

アジア通貨危機

1997年、投機筋がタイバーツを大量に売り込んだことを発端に、アジア各国の通貨が大暴落した経済危機。

投機筋
タイバーツを大量に売り込んで利益を狙う

売却 →

タイバーツ
タイの中央銀行が、売りに対抗するため買いの対応を行う

結果 →

タイバーツの暴落

買い注文が追い付かず、売り圧力が強まった結果暴落

＼ 暴落の後は…… ／

IMFなどによる支援

IMF（国際通貨基金）が、アジア通貨危機に陥った国に支援をしたり、経済状態を改善したりするための課題を課した。

> 投機筋は、為替市場だけでなく債券市場にも現れることがあります

債券市場における海外投資家の影響

海外投資家の売り圧力

流通している日本国債のうち、海外投資家が保有する割合は約10％ほどとされており、債券市場にも影響を及ぼす可能性がある。

海外投資家
海外で売りの論調が強まれば一気に売り圧力がかかる

国債を売却 →

日本銀行
売りに対抗するため、買いの対応を行う

＼ 債券が大量に売られると…… ／

金利が上昇する
（60ページと反対の現象が発生）

YCCで長期金利の上昇をコントロール（→P112）。

大企業の資金需要が金利を動かす

日本以外では、企業の資金需要が増えると金利が上がりやすく、資金需要が減ると金利が下がりやすくなります。

 金利の変動が経済を動かすという話はしましたね（→P28）。

 金利が上がると借りづらくなって景気が冷え、下がると借りやすくなって投資や消費が活発になるという話でしたね。

 そうですね。実は、日本以外の国では、大企業からの資金需要によって金利が変動することがあるんです。

 企業も金利に影響するんですね！

 そうです。好景気になれば企業は融資を受けて事業を展開していきます。融資を受けたい企業が増えれば、多少金利が上がっても借り手が多いため銀行が金利を上げていきます。

 なるほど！

 ただし、これはあくまで海外の話です。日本では日本銀行が金利を抑えているので、この構図は成立しません。

資金需要
企業が事業活動に必要なお金のこと。融資を受けたい企業が増加すれば資金需要が高いといえ、融資を受けたい企業が減少すれば資金需要は低いといえる。

海外の企業の資金需要と金利の関係

資金需要が高い場合

融資を希望する企業が多いと金利が高くなり
やすい。

**金利を高くしても
借りてくれる！**

**融資を
受けたいです！**

融資

銀行

金利を上げても融資を受け
る企業が多いため問題ない

企業

好景気になり資金を借りて事
業を展開したい企業が増加

資金需要が低い場合

融資を希望する企業が少ないと金利が下がり
やすい。

**金利を下げないと
借りてくれない！**

**融資を
受けたいです！**

融資

銀行

金利を下げて融資を受ける
企業を増やそうとする

企業

不景気になり資金を借りた
い企業が減少

＼ 日本は例外！ ／

日本銀行が金利を抑えている

日本銀行は政策金利で短期金利を操作
し、YCCで長期金利を操作している。い
ずれも金利を抑え込んでいるため、資金
需要だけで金利が上がることはない。

海外の金利の
情勢を考えると
きのために覚え
ておきましょう

125

日銀総裁が変わると どんな影響が出る？

↓

金融政策の方針が 変わる可能性がある

日本銀行の総裁とは、最高責任者であり、金融政策の方針を決める会議（金融政策決定会合）の議長を勤める人物です。

2023年4月9日、日本銀行の総裁が黒田東彦氏から植田和男氏に交代しました。日銀の総裁交代は2013年以来、約10年ぶりであり、総裁交代のニュースは大きな注目を集めました。

日銀総裁が変わると、どんな変化が起きるのでしょうか。考えられる変化は、金融政策の方針です。例えば、黒田前総裁の時代は大規模な金融緩和（→P110）が進められましたが、日銀総裁が変わると金融引き締めに転換する可能性もありますし、金融緩和が継続される可能性もあります。28ページで解説したように、金利を引き下げる金融緩和は景気が活性化しやすく、金利が引き上げられる金融引き締めは景気の過熱を落ち着かせる効果があります。

2023年7月、10月の金融政策決定会合で、植田総裁はYCC（→P112）の一部を修正する発言を行いました。その結果、0.5％とされていた長期金利の上限について、「1％を少し上回る程度であれば容認する」という姿勢を取ったのです。

このように、日銀総裁によって金融政策への考え方が異なることから、金利が上がるか、下がるかといった動向も変化していくのです。

第5章

金利と為替の動向を読み解こう!

〈 STORY 〉─────────

竹田と宮野は、金利と為替の動向を読み解く勉強を始めることになりました。さまざまな経済指標の読み方や格付け、政治ニュースにも注目することで動向の把握と予測ができます。

メリット

金利・為替の動向を
予測するメリットは？

経済指標やニュースを見ることで今後の動向を予測できれば、今後に備えることができます。

 金利と為替の今後の動向を自分で把握するにはどうすればいいですか？

 いい心がけですね。まずは金融・経済のニュースに注目したり、自分でデータを読めるようにしましょう。

 データを見れば何がわかるんですか？

 一次情報を読み解くことで、自分の力で経済の変化や動向を理解・予測することができます。また、**先読みができれば対策を取れます**。例えば、インフレになるとわかっていれば、事前に資産を現金から有価証券や不動産に移せますよね。

一次情報
オリジナルの情報。元となるデータ。例えば、GDPの一次情報は、内閣府が公表している。

 仕事にも影響はありますか？

 現代ではほとんどの企業が、何らかの形で輸入・輸出に関わっていますよね。為替ヘッジ（→P88）などで為替変動の対策を取る会社もありますが、それを行うにはまず為替のしくみや動向の探り方を理解する必要があります。

今後がわかれば対策できる

金利と為替のしくみを理解したうえで……

データを
読む

×

ニュースを
見る

↓

経済の行方を先読みできる！

＼ 対策を取れる!! ／

住宅ローンの契約

固定金利の上昇が先読みできていれば、金利が上がる前に契約を済ませようと判断することができる

海外旅行・買い物

円安になる傾向を察知できていれば、円安が進む前に海外旅行に備えて外貨を準備したり、買い物を済ませることができる

投資

金利と為替の知識があれば、株式投資やFXで値下がりしそうなタイミングで資産を手仕舞いし、ダメージを軽減できる

経営判断

円安・円高になる傾向を察知できていれば、業務上、輸出入を行う際に為替ヘッジをかける判断ができる

経済指標①

経済の規模を示す GDP（国内総生産）

GDP は、国の経済規模を表す指標です。経済を把握する
うえで最も基礎となる指標といえます。

 GDP（国内総生産）は、国内で生産され
た商品やサービスの付加価値の総額を算
出したものです。

 付加価値って何ですか？

 簡単にいうと儲けのことです。国内すべ
ての生産額を単純に合計してしまうと、
原料などの金額が重複するため、重複分
を差し引いた付加価値で表されます。

 この数字が増えたり、減少したりしたと
きはどんな変化が起きるんですか？

 GDPが増加していれば経済が成長して
おり、GDPが減少すれば経済が衰退し
ているといえます。**経済を把握するうえ
で最も基本となる、重要な指標ですね。**

 「GDP成長率」とは何が違うんですか？

 GDPの増減を伸び率（％）で示したもの
がGDP成長率です。成長率が多いほど経
済成長が著しいといえます。

付加価値
新たに生み出された価
値。具体的には、売上
から仕入れの金額を引
いた金額を指す。

GDPとは何か?

どちらも国内!

\ 海外での売上は含まない /

GDPは、あくまでも国内で生み出された付加価値を合計したもの。そのため、日本企業が生み出した売上であっても、海外の支店や海外の工場での数値はGDPに含まれない

国内で生み出された"儲け"の合計

- 民需(消費者の消費額+企業の投資)
- 政府支出(政府の支出)
- 貿易収支(輸出額-輸入額)

GDPは上記の3項目を合計して算出される

日本の実質GDPの推移

2022年度は549兆円

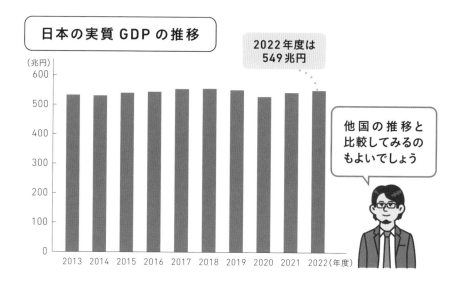

(兆円)

他国の推移と比較してみるのもよいでしょう

2013 2014 2015 2016 2017 2018 2019 2020 2021 2022(年度)

131

経済指標と市場の予想の関係

GDP から為替市場の 動きを予測する

Q GDP 成長率が予想よりも高かった場合の 為替市場の反応は？

下のチャートは、2023年6月〜7月27日までの米ドル円のチャートです。

このチャートの最後、つまり7月27日には、アメリカのGDPが発表されました。事前の予想では、前四半期比で＋1.8％になると予測され

ていましたが、実際には＋2.4％と、予想よりも高い結果になりました。

このあと、米ドル円の相場は、米ドル高円安になるか、米ドル安円高になるかを予測してください。ちなみに、経済が安定・好調な国の通貨ほど人気が高まりやすくなります。

2023年6月〜7月の米ドル円の為替レートの推移

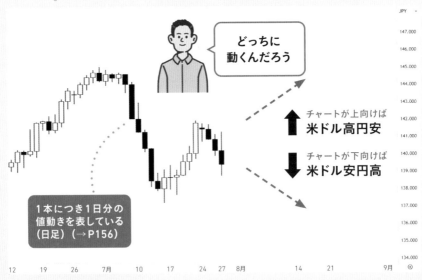

どっちに動くんだろう

チャートが上向けば
↑ **米ドル高円安**

チャートが下向けば
↓ **米ドル安円高**

1本につき1日分の値動きを表している（日足）（→P156）

12　19　26　7月　10　17　24　27　8月　14　21　9月

A 米ドル高円安になる

GDPをはじめとする経済指標は、金融機関や調査機関、アナリストなどらが事前に結果を予測しています。こうした専門家の予測を集計してまとめた予想値は、英語でコンセンサスと呼ばれます。

経済指標は、こうした予想と結果の差に大きな注目が集まります。例えば、予想が高かったのに結果がそれよりも低ければ、市場の期待を超えられなかったとして市場がネガティブな反応を見せやすくなります。反対に、予想よりも高い結果に

なれば、期待を大きく超えた結果だったと捉えられ、市場はポジティブな反応を示します。

為替の場合、アメリカのGDPが予想より大きく増えれば、米ドルの人気が高まりやすくなります。そのため、米ドルが買われることで米ドル高円安の方向に走りやすくなるのです。

もちろん、前回の発表から上がったか、下がったかも重要ですが、それと同じくらい、予測と結果の差にも注目してみましょう。

2023年6月〜9月の米ドル円の為替レートの推移

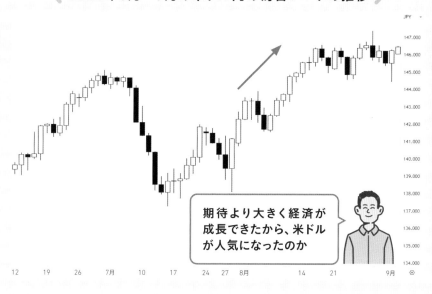

期待より大きく経済が成長できたから、米ドルが人気になったのか

133

輸出入の収支がわかる貿易統計

関税に提出された申告をもとに、毎月の輸入額と輸出額を示した統計。貿易が赤字か黒字かがわかります。

貿易統計は、日本と外国間で行われた輸出入の金額を示した統計で、毎月財務省が発表しています。商品別、地域別でもデータが発表されています。

経済にはどう影響しますか？

例えば、外国からエネルギーや食料品を輸入するとき、米ドルへ両替してから支払います。もしも、輸出より輸入が多ければ貿易赤字といい、たくさん円を米ドルに換える必要があるため、円安になるといわれています。

貿易も為替に影響するんですね。

為替相場でいう「実需筋」の取引に相当しますからね（→P81）。また、円安になれば輸出額が増えるので、自動的に貿易の差額（輸出額－輸入額）が増加します。この差額はGDPにも使われるため、GDP押し上げの要因にもなります。

貿易赤字
輸出額から輸入額を引いた額がマイナスになること。反対に輸出額のほうが多い状態を貿易黒字と呼ぶ。

貿易収支で円高 or 円安になる

海外への 輸出額	− **国内への** 輸入額	= **＋**だったら → **貿易黒字** **−**だったら → **貿易赤字**

貿易黒字だったら……

⇓

貿易相手の国から受け取る外貨が増える。その外貨を円に換える（外貨を売って円を買う）量が増加する

円高になる傾向がある

貿易赤字だったら……

⇓

貿易相手へ払う金額が増える。支払いのために円を外貨に換える（円を売って外貨を買う）量が増加する

円安になる傾向がある

日本の貿易収支（輸出−輸入）の推移　　出所：財務省「貿易統計」

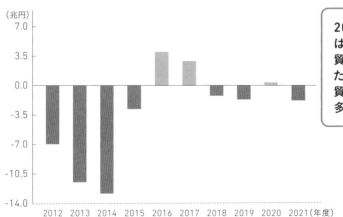

（兆円）

2012 2013 2014 2015 2016 2017 2018 2019 2020 2021（年度）

> 2010年までは基本的に貿易黒字でしたが、以降は貿易赤字が多いです

135

雇用動向がわかる
失業率

雇用の情報を示す指標が失業率です。失業率が高いほど不景気、失業率が低いほど景気の向上を表します。

景気を把握するには、失業率の把握は欠かせません。あくまで例えですが、円安が理由でGDPが増加していたとしても、輸入企業が倒産して失業者で溢れたら好景気とはえいませんよね。

確かに……。雇用状態の把握も大事なんですね。

日本だけでなく、アメリカの失業率にも注目するとよいでしょう。アメリカの中央銀行であるFRBは、「雇用の最大化」「物価の安定」の2つを目標にしています。つまり、雇用の安定・不安定さが金融政策に影響するということです。

アメリカの失業率
アメリカの場合、「雇用統計」という統計のひとつとして失業率が発表されている。

日本銀行も、目標として雇用の安定を掲げていますか？

日本銀行は直接表明はしていませんが、景気の動向をはかる参考として失業率も見ていると考えてよいでしょう。当然ですが、失業率は低いほど好景気、高いほど不景気を示します。

アメリカの失業率と金利の推移

失業率が高いほど不景気であることを示すため、金利が引き下げられやすい。
失業率が下がれば好景気への転換を示すため、金利が引き上げられやすい。

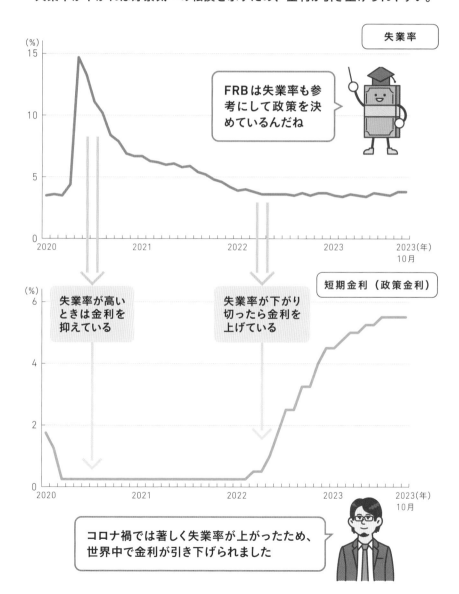

失業率

FRBは失業率も参考にして政策を決めているんだね

失業率が高いときは金利を抑えている

失業率が下がり切ったら金利を上げている

短期金利（政策金利）

コロナ禍では著しく失業率が上がったため、世界中で金利が引き下げられました

137

物価の変動がわかる CPI（消費者物価指数）

CPI は物価の変動を示す経済指標です。物価の変動が大きい品目を除いた「コア CPI」「コアコア CPI」も要注目です。

 物価の変動は、CPI として総務省が発表しています。

 物価の変化なんて、スーパーに行けばわかるじゃないですか！

 日用品や食料品だけでなく、あらゆるモノやサービスの価格の変化を総合的に見て数値が算出されているんですよ。

 物価が下がっているほうが嬉しいので、CPI には下がってほしいです。

 物価が下がり続ける状態はいわばデフレであり、好ましい状態ではありません。

 そうだったんですね……。

 また、CPI には総合的な品目を対象にした「総合指数」、価格変動が大きい生鮮食品を除いた「コア CPI」、エネルギーと生鮮食品を除いた「コアコア CPI」の3つがあり、コアコア CPI が実際の物価変動を示しているとされます。

CPI

消費者物価指数。物価上昇率を表す指標のひとつ。この指標が上昇し続ければインフレ、低下し続ければデフレの状態と判断できる。

コア CPI

総合指数から生鮮食品を除いた数値。生鮮食品は天候などの状況によって価格が大きく変わるため、計算の対象から外すことでより正確な物価変動を把握できる。

コアコア CPI

総合指数から生鮮食品とエネルギーを除いた数値。これらは天候や市況によって価格が大きく変わるため、計算の対象から外すことでより正確な物価変動を把握できる。一般的にコア CPI より実態を反映しているとされる。

デフレ・インフレの判断材料になる CPI

CPI（総合指数）（前年同月比）

物価上昇率を表す指標。世帯の消費支出で一定の割合を占める 582 の品目から算出される。

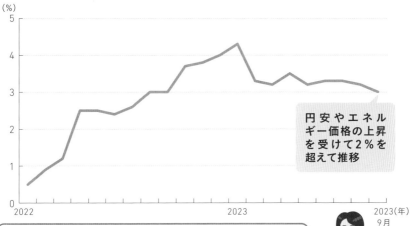

円安やエネルギー価格の上昇を受けて2%を超えて推移

日本銀行は、前年比でコアCPIが2%を安定的に超える状態（デフレ脱却）を目指して緩和政策を行ってます

コア CPI（前年同月比）

総合指数から生鮮食品を除いたもの。

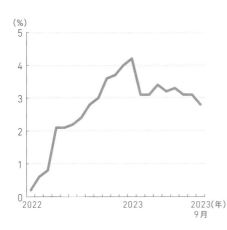

コアコア CPI（前年同月比）

総合指数からエネルギーと生鮮食品を除いたもの。

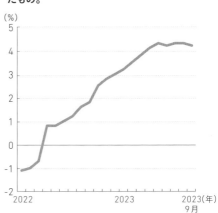

短期金利の動向がわかる TIBOR

TIBORは、インターバンク市場で取引される金利の動向を示した指標です。

金利の市場には、金融機関だけが参加するインターバンク市場があると解説しましたが（→P66）、このインターバンク市場内での金利はTIBOR（東京銀行間取引金利）として発表されています。

短期金利の動向がわかるんですね。

そうです。TIBORは企業向けの融資に付く金利の指標とされています。この金利が上がれば、各銀行も融資の金利を上げることになります。

でも、短期金利は日本銀行が操作しているんですよね。日本銀行の発表だけを見れば十分なんじゃないですか？

日本銀行は各銀行に直接指示を出しているわけではありません。日本銀行は、あくまで政策金利を決めて、各銀行の金利を誘導しているだけです。一方、このTIBORは、銀行が実際に使っている金利を表しているんですよ。

政策金利
景気や物価の安定のため、日本銀行が設定する短期金利のこと。この政策金利をもとに、短期金融市場の金利を誘導することから、誘導目標金利とも呼ばれている。

TIBORと融資の金利の関係

TIBORは、インターバンク市場でやり取りされる金利の指標。
TIBORが上がることで融資の金利にも影響を与える。

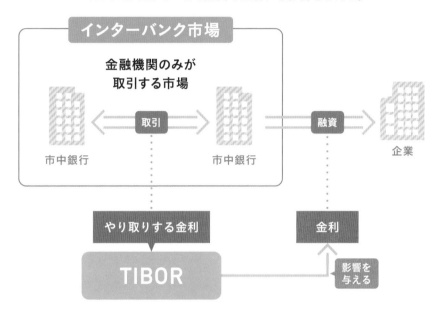

TIBORの上昇で融資の金利が上がる

TIBORが上がる	⇒	企業への融資の際の金利が上がる

銀行が企業に融資する際の金利は、あくまで銀行が決めているのですね！

そうです。日銀はあくまで目標となる金利を決めて誘導しているだけです

長期金利の動向がわかる 10年物国債の利回り

一般的に長期金利と呼ばれているのが、この10年物国債の利回りです。

一般的に長期金利というと、この10年物の国債利回りを指しています。

でも、これって日本銀行が抑えつけてるんですよね。変動するんですか？

その通りですね。YCC（→P112）により、日本銀行が設定した上限に収まる範囲で推移しています。

ここまでは、すでに解説してもらいましたよね。

2022年12月には黒田前総裁が上限を0.25％から0.5％に引き上げ、2023年7月には植田総裁が0.5％超えを容認、同年10月には上限が1％目途になり、目が離せない状態になりました。

長期金利が動いたらどうなるんですか？

住宅ローンなどの固定金利に影響が出ます（→P56）。また。短期金利と長期金利を結んだイールドカーブも変化します。

長期金利と国債の金利の関係

通常、「長期金利」といえば10年物の国債金利のことを指す。

日本国債は半年ごとに適用される金利が変わる

\ 金利の種類 /

日本国債 3年物	日本国債 5年物	日本国債 10年物

短期金利

短期金融市場で行われる、1年未満の取引に付く金利。政策金利にって操作されている。

0.09%　**0.33%**　**0.51%**

※2023年10月時点の個人向け国債

金利が上がれば債券投資のメリットが増えます（→P60）

長期金利

長期金融市場で行われる、1年以上の取引に付く金利。

長期金利が影響を与えるもの

\ メリットもデメリットもある /

長期金利が上がると……

- 融資の金利が上がる
- 住宅ローンの固定金利が上がる
- 債券価格が下がる

金融引き締めに向かえば、金利が上昇する可能性があります

経済指標の動向に注目

長期金利から
経済を把握する

Q この長期金利の上昇によって想定される
経済への3つの影響は？

　下のチャートは、日本の10年物
の国債利回りを表したものです。

　2016年から日本銀行のYCCが開
始され、日本の長期金利が抑えられ
るようになりました。

　そして2023年7月、YCCの上限
が柔軟化されたことによって、どん

どん長期金利が上がり始め、1％に
近づく勢いとなりました。

　今まで低水準を保っていた長期金
利が上昇したことで考えられる、3
つの影響はなんでしょうか。

2011年〜2023年の10年物の日本国債の金利の推移

A 企業向け融資と住宅ローンの上昇、債券価格の下落

　長期金利が上昇すれば、まず考えられる影響は企業への融資に付く金利の上昇です。金利が上昇するほど、企業が融資を受けづらく、新しい事業を行いづらくなります。

　また、住宅ローンの固定金利が上昇します（→P56）。実際、YCCの修正が行われた2023年7月以降、住宅ローンの固定金利は徐々に上昇していきました。

　このほかにも、債券価格の下落も挙げられます（→P60）。債券は、金利と価格が正反対の動きをするため、金利が上昇すれば債券価格が下落していき、債券投資を考える人も増加すると考えられ、債券投資をしたい人には絶好の機会となります。

　これまで解説してきた長期金利上昇の影響はこの3点ですが、実は、政府の利払い費が増加するという影響も発生します。

　国債を発行している政府は、債券を保有している投資家に利子を支払います。当然、長期金利が上昇すれば政府が支払わなくてはいけない利子も増加するため、政府の支出が増え、財政収支の赤字要因が増えるという影響もあります。

長期金利の上昇による影響

企業への影響

融資の金利が上昇

融資を受ける際の金利が上がり、お金を借りづらくなる

暮らしへの影響

固定金利の上昇

住宅ローンなどの固定金利が連動して上昇していく

投資への影響

債券価格の下落

金利が上がれば債券価格が下がるため、投資を行いやすくなる

> 金利を上げた時点は景気がいい状態ですが、金利を引き上げすぎると景気が悪化します

格付け

国・政府の信頼度が わかるソブリン格付け

ソブリン格付けとは、政府による債券・債務の支払い能力を格付けしたものです。

 経済指標以外にも金利や為替の動向を把握できるものがあります。それがソブリン格付けです。

 ソブリン……って何ですか？

 王国、最高のという意味で、ソブリン格付けは政府が債券・債務を支払えるかを格付けしたものです。ランクが高いほど支払い能力があることを示します。

 誰が格付けを決めてるんですか？

 民間の格付け機関です。海外では、S&Pやムーディーズ、フィッチ・レーティングスなどが有名です。日本ではJCR（日本格付研究所）などが挙げられます。

 公の機関じゃなくて、民間企業が決めるんですよね。影響力はあるんですか？

 十分あります。格付けが低いほど金利が高くなり、格上げされれば金利が低下します。

格付け
S&Pの場合、AAAからCCC－で評価される。AAAからBBBまでが投資適格、BBからCCC－までが投資不適格とされる。ただし、格付け機関によってランクの表記が異なる。

S&P
Standard&Poor's という社名の略。国債や社債の格付けを行うだけでなく、株価指数である S&P500 を発表している。

支払い能力を格付けしている

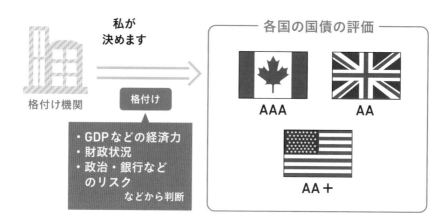

格付け機関

私が決めます

格付け

・GDPなどの経済力
・財政状況
・政治・銀行などのリスク
　　　　　　などから判断

各国の国債の評価

AAA

AA

AA＋

格付けの例（S&Pの場合）

格付け	国名
AAA	カナダ、ドイツ
AA＋	アメリカ、日本
AA	イギリス、EU
AA−	イスラエル
BBB＋	フィリピン、タイ
BBB	イタリア、メキシコ、
BBB−	インド、ハンガリー
BB＋	コロンビア、ベトナム
︙	
CCC＋	パキスタン、モザンビーク
CCC	エチオピア
CCC−	アルゼンチン

日本は上から2番目のAA＋評価です

▶ **投資適格**

債券やFXなどの投資を行う際、安全性が高いと考えられる国

リスクが低い
↓
金利が低い

▶ **投資不適格**

債券やFXなどの投資を行う際、経済が不安定で投資に不向きと考えられる国

リスクが高い
↓
金利が高い

※2023年10月時点

FRB議長の発言で
為替相場が変動する

アメリカの中央銀行であるFRBの議長が金融政策の変更を示唆する発言をすると、マーケットが反応します。

最後に紹介するのは、アメリカの中央銀行FRBの動向です。FRBは年に8回、**FOMC**と呼ばれる会合を行い、金利の動きを決定します。

じゃあ、FOMCのニュースに注目すればいいんですね！

そうですね。それ以外にも、会見での**要人**の発言も重要です。例えば、まだ政策が決まっていない段階で、利上げを示唆する発言が行われることがあります。

でも、まだ政策は実行されないから、スルーしてもいいですよね。

政策を実行していないタイミングであっても、**発言だけで市場は動きます**。金利の引き上げに積極的な立場をタカ派、引き上げに消極的な立場をハト派と呼び、タカ派発言が出れば米ドルの人気が高まるため、米ドル高円安になる傾向があります。

FOMC

連邦公開市場委員会。FRBが金融政策を決める会合。会合から3週間後に、議事要旨が発表される。

要人

重要な地位にいる人。FRBでは議長や副議長の発言が注目される。また、各国の大統領や首相、中央銀行の総裁といった要人も金利相場や為替相場に影響を与える。

FOMCと市場の反応

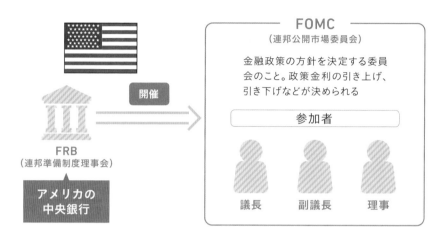

FOMC（連邦公開市場委員会）

金融政策の方針を決定する委員会のこと。政策金利の引き上げ、引き下げなどが決められる

参加者

議長　副議長　理事

FRB（連邦準備制度理事会）

アメリカの中央銀行

要人の発言と為替市場の動き

2023年5月〜7月の為替相場

FRB議長

2023年6月14日利上げを示唆する発言

米ドルの金利が上がる可能性があることで米ドルの人気が上昇。米ドル高円安になる

ブラックアウト・ルールといって、会合前後は要人の発言が禁止される期間があります

政策の種類を知る

金利以外の
注目すべき要人の発言

Q この発言の後は利上げ？ 利下げ？

中央銀行の要人は、講演や会見などで金融政策に関して発言することがあります。ただし、注目すべき発言は、148ページで挙げたような「利上げする、しない」だけではありません。例えば、「中央銀行による資産の買い入れ」も注目されやすい発言です。

仮に、FRBが資産の買い入れを続けていた状態で、下図のように「買い入れの量を減らしていきます」と発言した場合、金利市場・為替市場はどういった反応を示すでしょうか。

ちなみに、中央銀行が資産を買い入れると、その分市場にお金が供給され、景気が刺激されると考えられています（→P110）。

資産の買い入れに関する要人の発言

これから、資産の買い入れ額を減少していきます

FRB

どんな反応を示す？

？

市場

資産の買い入れとは？

中央銀行が資産の買い入れを行うと、市中に出回るお金が増えるため、緩和策の一種とされている。

どっちに動くんだろう……？

A　金利は上昇し、米ドルが買われやすくなる

　中央銀行による資産の買い入れは、緩和政策の一種です。緩和というのは、お金の供給量を増やし、市場に出回るお金を増やして景気を刺激する政策です。緩和策は景気の好転を狙うために行われるので、金利は引き下げられます。

　日本銀行がこうした働きを行っていることは110ページで解説しましたが、景気に合わせてFRBも同様の政策を行っています。つまり、中央銀行の要人や金融政策の会合で、資産の買い入れの示唆や決定が報道されれば、金利が下がる一因になるということです。また、金利が下がると、その国の通貨は売られやすくなります（→P158）。投資家は、金利の高い通貨を持っていたほうが、たくさん利息を受け取れるからです。

　反対に、中央銀行による資産の買い入れ額を徐々に減らしていくといった発言・政策の決定が報道されれば、金利が上がる一因になります。このように緩和策を徐々に抜け出していくことを「テーパリング」と呼びます。緩和策を止めるため、下げていた金利を上げる方向に転換。金利が上昇すれば、その国の通貨は上昇する可能性が高まります。

　以上のことを踏まえれば、左ページの発言はテーパリングであり、金利の上昇・米ドル高の方向に進むことが予測されます。

緩和策とテーパリング（日本の場合）

資産の買い入れ
（金融緩和）

日本銀行が国債をはじめとする資産を購入すると、市場への資金供給量が増え、好景気になりやすい。

↓

金利が下がる
円安になりやすい

買い入れ額の減少
（テーパリング）

日本銀行が、買い入れる資産を減少させると、市場への資金供給量が減少し、景気を冷ましやすい。

↓

金利は上がる
円高になりやすい

どちらの政策が行われるか、注目しておきましょう

経済指標はひとつだけ 見ていればいいの？

↓

［ 総合的に経済指標を見て判断するべき ］

　経済指標とは、各国の経済状況を数値で表したものであり、GDP（国内総生産）、CPIや失業率などが代表的です。こうした経済指標をもとに、現在の日本の経済が安定しているのか、悪化しているのかを判断することができます。

　例えば、GDPが上がっていれば景気は良好な状態であり、今後の経済にも期待ができると考えられますが、反対に数値が悪い場合には、景気が減速しているかもしれないと判断できます。多くの種類があるため、本書ではまず注目しておくべき指標として、GDPや貿易統計、CPIといった代表的な指標をピックアップして解説しましたが、これはあくまでひとつの目安です。「ひとつの指標だけで景気の善し悪しを判断できない」ことは必ず覚えておきましょう。

　金利や為替は、多くの要因が複雑に絡み合って変動するため、ひとつの要因を示す経済指標だけを見ても、金利や為替の動向を掴むことはできません。

　そのため、経済指標を見るときは、複数の指標を見て判断することを心がけましょう。

　また、CPIであれば、どんな品目の物価が上がったのかという内訳にも注目することで、特殊な要因で一時的にCPIが上がっただけなのか、それとも本当に消費が強くなってCPIが上がったかなどを判断できるようになります。

第6章

金利と為替の知識を活用しよう!

〈 STORY 〉———————————

金利と為替の知識を使って投資やローンを上手に活用したいと考えた宮野。竹田を誘って、森永先生に投資やローンを組む際のポイントを教えてもらうことになりました。

FX①

なぜ通貨を売買すると儲けられるの？

通貨を売買することで利益を得られるFXから解説します。
なぜ、通貨を売買するだけで利益が出るのでしょうか。

 まず、FXで受け取れる利益には2種類あり、円や米ドルを売買して得る利益は**キャピタルゲイン**と呼ばれます。

 どうやって円と米ドルを売買するのですか？

 まずは円を米ドルに換え、その後為替レートが動いた後に米ドルを円に戻せば、差損や差益が出るのです。

 では、もうひとつの利益って何ですか？

 インカムゲインと呼ばれる、外貨を持っているだけで得られる利益です。FXの場合、スワップポイントとも呼ばれます。

 持っているだけでいいんですか？

 はい。金利の低い通貨を売って金利の高い通貨を買って持っておけば、毎日受け取れます。ただし、金利の状況によっては金利のスワップポイントを支払う場合もあります。

キャピタルゲイン
資産を売買することで得られる利益。株や投資信託に投資する際も、売買で得た利益はキャピタルゲインと呼ばれる。

インカムゲイン
資産を保有している期間、得られる利益。FXではスワップポイントとも呼ばれ、売買する通貨間の金利差によって受け取り額が変わる。各証券会社が、その日の金利差をもとに、1万通貨ごとに受け取れるスワップポイントの金額を公開している。

FXで得られる2つの利益

キャピタルゲイン

通貨を売買して得られる利益。為替差益ともいう。

円で米ドルを買おう

100円 →[1ドル＝100円のレート]→ 1$

円安になった

米ドルを売って円に戻そう

120円 ←[1ドル＝120円のレート]← 1$

1ドルにつき20円の利益が発生！

インカムゲイン

通貨を保有する間受け取れる利益。スワップポイントとも呼ばれる。

政策金利 －0.1%

円を売って米ドルを買う

政策金利 5.5%

金利差は5.6%

受け取れる金額は、金利差や為替レートをもとに各証券会社が毎日決めます。保有中に金利が上がれば、受け取れる金額も上昇します

例 1万通貨ごとのスワップポイント（1日分）が平均220円であり、1万通貨投資した場合

5日間米ドルを保有したら➡1100円

1カ月（20日間）米ドルを保有したら➡4400円

の利益を受け取れる!!

売買の運用益は
チャートで確認！

FXを行う際は必ずチャートの見方を覚えましょう。特に
ローソク足には重要な情報が詰まっています。

FXではチャートの確認が必須です。まずはローソク足の読み方を覚えれば問題ありません。

四角形や線でできたマークですよね。

そうです。ひとつのローソク足で、始値、終値、高値、安値という4つの価格がわかります。また、価格が上がれば陽線、価格が下がっていれば陰線で示されます。

一目で相場状況がわかるようになっているんですね。チャートがどっちに動いたら円安ですか？

通貨ペア（→P76）は、左側の通貨1単位あたり、右側の通貨でいくらの価値があるかを示すので、米ドル円なら1ドルにつき何円かがわかります。円安になるほど1ドルあたりの値段が大きくなるので、チャートは上に移動します。円高はその反対です。

始値
ローソク足が示す期間ではじめて成立した取引の価格。

終値
ローソク足が示す期間で最後に成立した取引の価格。

高値
ローソク足が示す期間で最も高かった取引の価格。

安値
ローソク足が示す期間で最も安かった取引の価格。

陽線
始値より終値が高かったことを示すローソク足。白色、あるいは赤色で表される。

陰線
始値より終値が安かったことを示すローソク足。黒色、あるいは青色で表される。

ローソク足とチャートの見方

ローソク足は、4つの価格の動きを表現したツール。

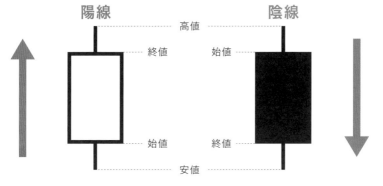

1時間足
1本で1時間分の値動きを示すローソク足

日足
1本で1日分の値動きを示すローソク足

週足
1本で1週間分の値動きを示すローソク足

＼ その他の種類！／

ほかにも、1分ごとの値動きを示す「分足」、1カ月ごとの値動きを示す「月足」などがある。

チャートの読み方

米ドル円では、チャートが上がれば米ドル高円安、チャートが下がれば米ドル安円高を示す。

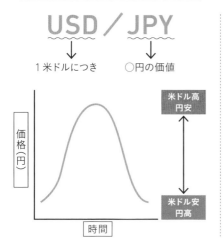

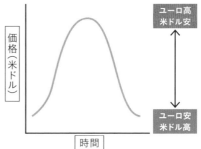

金利が低い通貨から高い通貨へお金が流れる

金利の高い通貨に人気が集まるため、通貨間の金利差が開くほど、金利の高い通貨の需要が増加します。

円より金利の高い通貨を保有すれば、ずっと利益が入ってくるんですよね。金利の高い通貨を探して、たくさんスワップポイントを受け取らないと！

金利が高い国は格付け（→P146）が低く、経済基盤が弱いケースが多くあるので慎重になりましょう。……とはいえ、世界中の投資家も同じことを考えています。通貨間に大きな金利差ができると、金利の高い通貨の人気が急騰し、買われていきます。

経済基盤
貿易収支の変動や行きすぎたインフレ・デフレが発生すると、為替レートに大きな影響を与える。

特定の通貨が買われていくということは……。

価値が下落している通貨もあるということです。米ドル円を例にすると、アメリカがインフレを抑えるためにどんどん政策金利を上げて、日本では政策金利を変えなければ、金利差が生まれます。こうなれば、米ドルが買われ、円が売られやすくなるため、米ドル高円安が進むんですよ。

2カ国間の金利差と為替レートの関係

2カ国間の金利差が広いほど金利の高い通貨の需要が高まる。

通貨A
金利上昇
↓
為替市場で
買われていく

通貨B
金利低下
（または現状維持）
↓
為替市場で
売られていく

実際はその国の経済基盤も含めて売買が判断されます

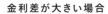
金利差が大きい場合

金利の高い通貨が買われる。図はアメリカと日本の金利差のイメージ。

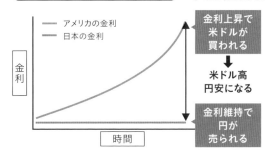

— アメリカの金利
— 日本の金利

金利

時間

金利上昇で
米ドルが
買われる
↓
米ドル高
円安になる

金利維持で
円が
売られる

2022年以降の円安は、この金利差の影響が大きいです

金利差が小さい場合

2カ国同時に利上げをするか、片方が利下げをすれば為替の変動は収まる。

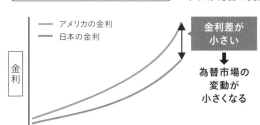

— アメリカの金利
— 日本の金利

金利

時間

金利差が
小さい
↓
為替市場の
変動が
小さくなる

金利を上げると経済が冷える可能性があります

債券は販売される価格と
受け取る金額に注目！

金利の知識があれば、債券投資を有利に行うこともできます。まずは、債券投資の基本を押さえましょう。

 債券は、償還日まで保有すると、利子と額面金額を受け取ることができます。

 待つだけで利子が付くのは嬉しいです。

 債券のうち、新しく発行されたものを新発債と呼び、過去に発行されて市場に流通している債券を既発債と呼びます。60ページでは金利の動向によって債券価格が変動すると解説しましたが、ここで変わるのは既発債の債券価格です。

 でも、債券価格が下がったら償還日に受け取れる金額も下がりますよね？

 いえ。実は、**債券価格が変動しても、額面金額は変動しません。** つまり、債券価格が下がれば、償還日に戻る金額より、安い値段で買えるのです。額面金額より債券価格が低いものをアンダーパー、その反対をオーバーパーといいます。

 アンダーパーの債券を探さなくちゃ！

償還日
債券の保有者にお金を払い戻す期日。

額面金額
原則、債券を売買する際の最低単位を指す言葉。ここでは、「償還時に戻ってくる金額」の意味で使っている。

アンダーパー
額面金額より債券価格が低い債券のこと。「パー」とは債券価格と額面が同じ状態。

オーバーパー
額面金額より債券価格が高い債券のこと。債券価格と額面金額の差額（損失）よりも大きな利子を受け取れる場合に購入される。

債券価格と額面金額の関係

債券価格
債券を売買するときの価格。既発債の場合、金利の情勢に応じて変化する

額面金額
償還日に受け取れるお金。債券価格が変わっても額面金額は変動しない

新発債

新しく発行される債券。発行市場（→P68）で販売される。金利の動向によって債券価格が変動する。

＋利息 →

債券価格
100円

額面金額
100円

利付債（→P162）の場合、債券価格と額面金額が一致します

既発債

過去に発行された債券。流通市場（→P68）で販売される。

●アンダーパーの場合

＋利息 →

額面金額より安く売られる

債券価格
95円

額面金額
100円

利息と、債券価格と額面金額の差益をゲット！

●オーバーパーの場合

＋利息 →

額面金額より高く売られる

債券価格
105円

額面金額
100円

債券価格と額面金額の差損より利息が多いかをチェック！

債券②

債券は金利を見て
買うタイミングを決める

一口に債券といっても種類があり、「金利の上がり始め」
か「金利上昇のピーク」かで投資する債券を選びます。

 金利が上がったときが債券の仕込みどき
ですが、金利上昇のどの局面かによって
投資すべき債券の種類が異なります。

 金利が上昇していればいつ、どんな債券
を買ってもいいわけじゃないんですね。

 その通りです。金利が上がり始めたとき
なら、変動型利付債がおすすめです。利
付債とは償還までの間、複数回に分けて
利子を受け取れる債券のこと。金利が上
昇し始めたときに変動型利付債を買え
ば、受け取れる利子はどんどん増えてい
きます。

 すごい！　じゃあ投資するなら変動型が
いいですね！

 ただし、金利下落の局面になると受け取
れる利子は減ってしまいます。そこで、
金利上昇のピークやその前後に投資した
いのが固定型利付債です。このタイミン
グで固定型を買うと、償還までずっと、
高い金利で利子をもらえます。

利付債
償還までの間、複数回
に分けて利子（クーポ
ン）を受け取れる債
券。一方、償還日にま
とめて利息を受け取る
債券を割引債を呼ぶ。

金利の上昇に合わせて買う債券を変える

債券の種類

債券は、利率の決め方によって固定型と変動型の2種類に分類される。

固定型

購入から償還までの間、適用される金利が一定になる債券。

変動型

相場における金利の変動に合わせて、適用される金利が変動する債券。

それぞれ、定期的に利子を受け取る「利付債」と償還日にまとめて利子を受け取る「割引債」がある

変動型利付債を買うタイミング

金利の上昇途中に買えば、受け取る利子がどんどん増額されていく。

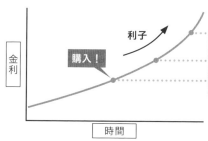

\ メリット /

利子が増える
金利の上昇に合わせて利息が増加していく

利子が増えて
嬉しい！

固定型利付債を買うタイミング

金利上昇のピーク（またはその前後）で買えば、高い金利で利子を得られる。

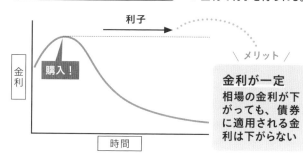

\ メリット /

金利が一定
相場の金利が下がっても、債券に適用される金利は下がらない

高い金利を維持
できて嬉しい！

163

長期金利が上がれば株の売りを控える

ここからは株式投資について。金利が上がれば企業の業績が下がりやすくなることを忘れずにいましょう。

 株式投資って、いってみれば企業に投資するんですよね。

 そうですね。正確には、企業が発行した株を買うことです。株の価格（株価）は市場によって投資家が決めます。業績が連続して上がる、事業が大きくなるなどして、価値が高いと判断されれば株価が上昇します。**買値より高い株価で売れば利益になります。**

 金利や為替はどう関係するんですか？

 金利と為替との関係は後のページで解説するとして（→P170）、まず金利の影響から解説しますね。金利が上がれば景気が冷え込むので、企業の業績が落ち込みやすくなります。

 業績が落ちるとだめなんですね。

 業績が悪化すると、企業の価値が下がったとみなされ、**株価が下落しやすくなる**んですよ。

株式投資

企業が発行した株を売買すること。株価が安いときに買い、高いときに売ることで利益を得る。そのため、株価が下がったときに売ると利益を見込めなくなってしまう。

金利と株式投資の関係

株式投資の原則

株式投資は、企業が発行する株を安い価格で買い、高い価格で売ることで利益を得る投資。

購入
A社
株価：1000円

数年後

売却
A社
株価：1万円

業績の向上、事業の拡大などが評価されれば株価が上昇します！

金利と株価の関係のイメージ

金利が上がれば景気が冷え込み、業績の下落、株価の下落につながりやすい。

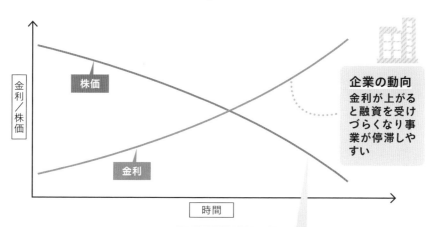

企業の動向
金利が上がると融資を受けづらくなり事業が停滞しやすい

金利/株価

株価

金利

時間

金利の動向を見極めましょう

◎ **買い** 倒産せず、将来的に株価が上がる見込みがあれば買う

× **売り** 安い価格で売ると利益が減るため、下落しきる前に売るのが鉄則

長期金利とグロース株

将来の成長が期待されるグロース株はアメリカの長期金利の上昇に大きな影響を受けます。

金利上昇によって株価は下落しやすいですが、なかでもグロース株が売られやすくなります。

グロース……成長中の株、ですか？

はい。グロース株は、将来的な成長が期待されている企業の株のことです。ただし、現時点であまり収益を出せていないものが多いため、金利が上がって業績が悪化すれば、将来性が薄くなったと判断され、売られやすくなります。

確かに、ちょっとしたことで業績が落ちたら不安になりますね。

グロース株が下がり始めたら、すぐに売ったほうがいいんですか？

短期投資の場合は、すぐに売ればよいでしょう。しかし、10年、20年スパンで投資したい場合、金利が上がってもグロース株を保有しておくと、将来もっと株価が上がる可能性があります。

グロース株
将来大きく成長し、それに伴って株価が大きく伸びると予測される銘柄。また、グロース株へ投資することをグロース投資と呼ぶ。

短期投資
キャピタルゲインを目的に、短期間で売買を完結させる手法のこと。数秒～数十秒で売買するスキャルピング、1日で売買するデイトレード、数日～数週間で売買するスイングトレードなどがある。

グロース株と金利の関係

グロース株	将来企業が成長し、株価も上昇することが見込まれている銘柄

⬇

設備投資や事業拡大のために
融資を多く受ける必要がある

金利動向の
影響を顕著に
受けます

⬇

マイナスの影響 — 金利が上昇して融資を受けづらくなると、業績に影響が出るため株価が下がりやすい

グロース株が多い市場

東証グロース市場

東証（東京証券取引所）にある市場のうち、最もグロース株が多いとされる市場

銘柄例
弁護士ドットコム（6027）
ウェルスナビ（7342）
tripla（5136）

アメリカの市場

NASDAQ

アップルなど巨大IT企業のほかに、ハイテク企業、IT関連の新興企業が多く上場する市場

銘柄例
アップル（AAPL）
テスラ（TSLA）
エアビーアンドビー（ABNB）

2017年～2023年のNASDAQ総合指数（月足）

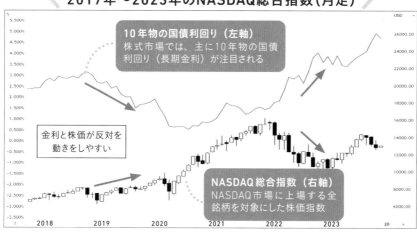

10年物の国債利回り（左軸）
株式市場では、主に10年物の国債利回り（長期金利）が注目される

金利と株価が反対を動きをしやすい

NASDAQ総合指数（右軸）
NASDAQ市場に上場する全銘柄を対象にした株価指数

株式投資③

政策金利が低いほど
株価は好調になりやすい

2016年から始まったマイナス金利政策により、多くの日本株が大幅な株価上昇を達成しました。

2016年、マイナス金利政策という政策が始まりました。

金利がマイナス……ですか？

市中銀行が日本銀行にお金を預けると、マイナス金利が発生——つまり、金利を払ってお金を預けることになりました。

どうしてそんなことをしたんですか？

市中銀行に、日本銀行にお金を預けるより企業に貸し付けたほうがいいと考えさせるためです。緩和策の一種ですね。実際、マイナス金利政策が導入された後は日本企業が潤い、株価が伸びました。

じゃあ、ずっと緩和を続けましょう！

2023年時点ではマイナス金利政策が続いていますが、将来的に解除される可能性もあります。マイナス金利の解除は金融緩和の終了を予見させ、株式市場が一時的に逆風になる可能性があります。

マイナス金利政策
緩和策の一種。市中銀行が中央銀行に預ける際の預金金利をマイナスにすること。お金を払って預金することになるため、資金を企業へ貸し出すよう誘導する目的で行われる。日本では2016年1月に導入された。

マイナス金利政策と株価の関係

緩和策の一種である**マイナス金利政策**は、景気の向上を促す政策であり、
導入当初は株価が上昇した。

マイナス金利導入当初の株式市場の反応

日本銀行
市中銀行からお金を預かる際は、金利も受け取るようになった

マイナス金利導入！

市中銀行
日本銀行にお金を預けるより、企業への融資を増やすようになる

融資の増加

企業
融資を受けやすくなって事業が拡大。株価が伸びやすくなる

マイナス金利を解除した場合の株式市場の反応

日本銀行
市中銀行からお金を預かる際は、金利を払うようになった

マイナス金利を解除！

市中銀行
マイナス金利の解除で、積極的に企業へ融資する理由がなくなる

融資の減少

企業
融資を受けづらくなり事業が停滞。株価が落ちやすくなる

2013年〜2020年の日経平均株価（月足）

マイナス金利政策導入
2016年1月から日本で導入された

株価が上昇！

緩和政策が行われれば株価は上がりやすくなります

円安時は輸出企業を
買って輸入企業を売る

円安・円高になれば、輸出企業や輸入企業の業績が変動します。為替をひとつの目安として投資をするのも手です。

最後は、為替と株式市場の関係です。為替の変動が企業にどんな影響を与えるかは、もう解説しましたよね。

円安だと輸出企業やインバウンド企業が盛り上がって、円高だと輸入企業が盛り上がるんですよね（→P86-89）。

なるほど！　じゃあ、この動きを見て投資していけばいいんですね。

その際に見ておきたいのが、想定為替レートです。企業は、事業計画を立てる際、想定される為替レートを事前に予測して業績などを検討しているんです。

想定為替レート
輸出入を行う企業が、事業計画を立てるにあたって想定する為替レート。年に4回、企業から発表される決算短信で確認できる。

企業が想定したレートから、為替がズレたらどうなるんですか？

輸出企業が想定していたレートより円安が進めば、予定より利益が上がることになります。ただ、為替ヘッジの影響も無視はできないので（→P88）、為替は参考程度に見るとよいでしょう。

為替と企業の関係

円安時の株価の傾向

株価が上昇しやすい

輸出企業
国外への輸出で得られる利益が押し上げられる

株価が下落しやすい

輸入企業
輸入にかかるコストが増えて利益が目減りする

株価が上昇しやすい

インバウンド企業
訪日外国人が増加して観光産業が発展しやすい

円高時の株価の傾向

株価が下落しやすい

輸出企業
国外への輸出で得られる利益が目減りする

株価が上昇しやすい

輸入企業
輸入にかかるコストが減って利益が押し上げられる

株価が下落しやすい

インバウンド企業
訪日外国人が減少して観光産業が落ち込みやすい

企業の想定為替レート

企業が想定している為替レートは、決算短信から確認できる。実際の為替レートとのズレを把握しよう。

＼ こんな感じで書いてある！ ／

（4）通期の見通し
業績見通しの前提となる第4四半期以降の為替レートにつきましては、米ドル145円、ユーロ155円…（中略）…を想定しております。

株式投資のひとつの参考として為替も把握するとよいでしょう

出所：キヤノン「2023年12月期 第3四半期決算短信」

金利の知識を生活に活かす

金利の動向から
銘柄選びを考える

Q　金利上昇時に避けるべき銘柄はどれ?

2022年12月〜2023年7月まで、YCCによる長期金利の上限が0.5％とされてきましたが、2023年7月末、植田総裁が0.5％超えを容認したことで長期金利が上昇しました。

そして、2023年7月〜10月上旬、この長期金利の上昇によって株式市場にも変化が現れました。

下に挙げた4つの銘柄のうち、3つは株価が順調に上昇していきましたが、残るひとつは株価が下落していきました。166ページの内容をもとに、買いを避けるべき銘柄をひとつ選んでください。

＼　避けるべき銘柄を探そう　／

①丸紅
（8002／東証プライム）

総合商社。穀物、エネルギー、輸送機、農化学などを扱う。

②みずほフィナンシャルグループ
（8411／東証プライム）

銀行、証券会社、信託銀行などを傘下に持つ金融大手。

③大王製紙
（3880／東証プライム）

総合製紙の大手企業。新聞用紙などを扱う。原材料の紙・パルプは輸入でまかなう。

④ウェルスナビ
（7342／東証グロース）

資産運用のロボアドバイザーの開発・提供。成長中の企業。

A ④。グロース株を避ける

金利が上昇すると、グロース株の株価が下がる傾向にあります（→P166）。4つの選択肢のうちグロース株は、東証グロースに上場し、成長中の企業である④ウェルスナビ（7342）のため、正解は④です。ちなみに、①〜③は金利上昇局面で株価が上がりやすいとされる銘柄です。

①丸紅（8002）は、2023年10月現在、バリュー株に該当します。バリュー株とは、本来の価値よりも低い株価が付けられた銘柄のこと。評価が見直されると株価が上昇します。グロース株と反対の値動きをする傾向にあり、金利上昇局面では株価が上がりしやい点が特徴です。

②みずほフィナンシャルグループ（8411）は銀行株です。銀行は、金利が上がると収入となる融資金利が増加するため、金利上昇が株価上昇の要因とされています。

③大王製紙（3880）は、原材料を海外から輸入する企業です。日本の長期金利が上がり、海外との金利差が縮まると円高方向に向かいます。すると輸入のコストが下がるため、株価が上がりやすくなるのです。

ここでは短期投資的な視点から「グロース株の買いを避ける」と表現しましたが、グロース株でも将来的に株価が上昇できると考えられる場合、安い株価で仕入れて、数年〜数十年後に株価が上がるのを待つという戦略を取ることも可能です。

2023年4月〜10月のウェルスナビ（7342）の株価（日足）

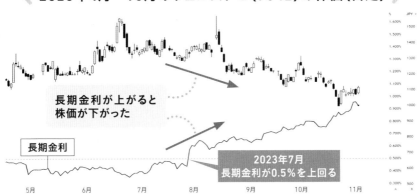

長期金利が上がると株価が下がった

長期金利

2023年7月
長期金利が0.5%を上回る

5月　6月　7月　8月　9月　10月　11月

価格下落のリスクを低減できる投資信託

複数の投資資産を組み合わせた投資信託という商品は、分散効果に期待できるためリスクを減らして運用できます。

投資商品は、株や債券だけではありません。投資信託という商品を聞いたことはありますか？

知っています！　いろいろな投資商品を組み合わせたものなんですよね。

その通りです。投資信託は株や債券などの商品を複数組み合わせ、ファンドマネージャーと呼ばれる専門家が運用しています。

ファンドマネージャー

ファンド（投資信託）の運用担当者。投資家から集めた資金をもとに、複数の投資商品を運用する。

その投資信託も金利や為替と関係しているんですか？

はい。外国の資産が組み入れられていれば為替が影響しますし、株や債券はすでに説明した通りの影響を受けます。ただし、投資信託の場合は1本保有するだけで分散投資の効果があるため、個別の株を保有するよりも値幅を抑えることはできます。

分散投資

投資対象を分散することでリスクを軽減すること。投資対象を複数に分けることで、仮にひとつの商品が値下がりしても、ほかの商品でカバーできる。

はじめて投資するなら安心ですね。

投資信託と金利の影響

投資信託のしくみ

投資信託は、投資家から集めた資金をもとに、ファンドマネージャーが運用する商品。

投資家
成長が見込める投資信託を選択して投資（資金の提供）を行う

ファンドマネージャー
集まった資金をもとに、商品を運用して利益を出す

複数の商品を運用してリスクを抑えながら利益を狙うことができる

株式型への金利の影響

株式型とは、株を中心に組み入れた投資信託のこと。

日本型
日本国内の株が中心。日本の金利が上がれば価格が下がりやすくなる

米国型
米国株が中心。アメリカの金利が上がれば価格が下がりやすくなる

全世界型
米国株をはじめ全世界の株が中心。世界的に金利が上がれば価格が下がりやすくなる

債券型への金利の影響

債券型とは、債券を中心に組み入れた投資信託のこと。

金利が上昇
何らかの要因で金利が上昇すると……

↓

債券価格が下落
投資信託に組み込まれた債券の価格が低くなる

↓

投資信託の利益が下落
組み込んだ債券の価格が下がることで、投資信託の利益も減少する

> 原則、債券は満期まで保有すれば元本割れは発生しませんが、債券型の投資信託には株なども一部組み込まれるため、元本割れの可能性があります

175

為替ヘッジ付きの商品は為替リスクを回避できる

投資信託のなかには、為替の影響を抑えるための為替ヘッジのしくみを取り入れたものがあります。

 投資信託には、米国型や全世界型（→P175）、新興国型など、海外の資産を中心に組み入れたものがあります。

新興国型
アジアや中東、南アフリカなどの株を中心に構成された投資信託のこと。

 僕はアメリカの経済成長に期待しているので、米国型への投資を考えています！

 こうした商品も当然為替の影響を受けますが、なかには事前に為替ヘッジ（→P88）を行っているものがあります。

 企業が為替変動の影響を抑えるために使う対策でしたよね。

 為替の影響を軽減できるなら、為替ヘッジありの投資信託のほうがいいですか？

 為替ヘッジありの商品にはヘッジコストがかかります。このコストは、外国の短期金利と日本の短期金利の差がベースになっており、金利差が開くほどコストがかかるため、あまりおすすめできませんが、為替の変動をどうしても抑えたい場合は選択するとよいでしょう。

ヘッジコスト
為替ヘッジを行う際に必要なコスト。日本と投資対象となる国の短期金利の差がベースになる。

為替ヘッジ付きの投資信託

将来取引する為替レートを事前に予約する為替ヘッジを取り入れることで、
為替変動の影響を抑える投資信託がある。

\ メリット /

- 為替差損を抑えることができる

⬇

円安でも利益を
出しやすい

\ デメリット /

- 為替差益が発生しても享受できない

- ヘッジコストがかかるため、投資信託の利益が目減りすることになる

為替変動の影響を受けなくても、ヘッジコストでパフォーマンスが低下する点は理解しましょう

ヘッジコストのイメージ

円で投資信託を買う場合、円と投資対象の国の
金利差がヘッジコストとなる。

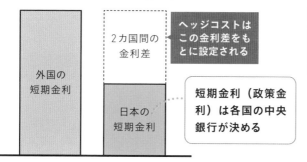

2カ国間の金利差

ヘッジコストは
この金利差をも
とに設定される

外国の
短期金利

日本の
短期金利

短期金利（政策金利）は各国の中央銀行が決める

金利差が開く
ほどコストが
かかります

為替ヘッジ付きの商品の見分け方

為替ヘッジ付きの投資信託は、商品
名にその旨が書かれている。

商品名に「為替ヘッジ
あり」の記載があるた
めすぐに見分けられる

出所：アセットマネジメントOne

177

借入期間中でも交渉で
金利を下げられる？

市場規模が拡大する不動産投資。ローンで購入する場合、
交渉によって金利を下げられることがあります。

知り合いが不動産投資を始めました。
ローンを組んで不動産を買ったんですけ
ど、ローンの返済が結構大変だって……。

場合によっては交渉で金利を下げられる
こともありますよ。

交渉できるんですね！

滞りなく返済をした実績や、属性がよく
なるなどの条件があれば交渉できるで
しょう。加えて、融資を受けた当時より
も金利の相場が下がっていれば、「今の
実情に近づけてほしい」と交渉する余地
があるかもしれません。また、他社への
借り換えを引き合いに出すことで交渉を
進めることも可能です。

属性

融資をしてよい人物か
を判断する際の経済
的・社会的背景。例え
ば、家族構成、職業、
収入など。

借り換え

条件のいいほかの金融
機関から融資を受け
て、すでに受けた融資
を返済すること。ただ
し、借り換えにかかる
諸費用は自身で負担す
る必要がある。

でも、交渉することで何か悪い影響が生
まれたりしませんか？

強引すぎると金融機関との関係が悪くな
ります。交渉の際は、あくまで良好な関
係を続けられるように行いましょう。

借り換えを行えるケース

不動産のローンの種類

目的が住居か投資かによってローンの種類が異なる。

目的によって
組むローンが
変わります

住宅ローン

住居するための家を購入するときに組むローン。借りられるのは投資用ローンより少額だが、金利は投資用ローンより低めに設定されることが多い

投資用ローン

投資用に不動産を購入するときに組むローン。契約者の属性だけでなく、物件の価値も審査の対象となる

交渉の材料

交渉にあたってはいくつか条件が必要になる。下記は、交渉を行うのに必要な条件の例。

\ 信頼を得る /
延滞のない返済実績

すでに延滞なく返済を進めていれば、返済能力があることを示すことができる

\ 返済能力を示す /
属性の変化

年収のアップなど、属性が上がる要素があれば、返済能力が高くなったと捉えられる

\ 信頼を得る /
金利の変動

ローンを受けたときより金利の相場が下がっていれば、交渉の余地が生まれやすい

\ 他社との交渉 /
借り換えの検討

他社への借り換えを検討していると伝えれば交渉しやすくなる

ただし……
・交渉できず本当に借り換えになる可能性がある
・強引に交渉すると金融機関との関係が悪くなる可能性がある

金利は金融機関の儲けになります。交渉しても必ず成功するとは限りません

ローンの必須知識
店頭金利・適用金利

住宅ローンを組むとき、店頭金利と適用金利の意味を知っておけば、金利の高低を知り、比較することができます。

 住宅購入を検討しているのですが、「店頭金利より▲年2.0％」みたいな文言の意味がよくわからなくて……。

 店頭金利は、金融機関で設定された金利です。対して適用金利は、そこからもろもろの割引や優遇を受けて、実際にローンを組むときの金利を指します。

 スーパーの商品に例えるなら、店頭金利は定価、適用金利は割引シールが貼られた価格を表している、みたいなことですか？

 おおよそそんなところでしょう。

 とすると、これは住宅ローンの金利が定価より2％安くなった状態で組めるということですか？

 そういうことです。また、適用金利は店頭金利から優遇金利を引いたものになるので、適用金利だけでなく、そのチェックもしておきましょう。

優遇金利
店頭金利からまず大幅に引かれる金利。借り入れはじめの金利を大幅に下げて負担を減らす当初優遇と、全期間にわたって一定の金利優遇が受けられる通期優遇の2種類がある。

店頭金利と適用金利の違い

\ 例えばこんなチラシがあったら…… /

新築、お借り換えにも対応！

○○銀行
住宅ローン

金利プラン

変動金利
年 **1.20**%

優遇金利 0.5%　※店頭金利から最大で0.5%を差し引きます

店頭金利
市場に合わせて金融機関が設定する金利の基準。チラシでは「変動金利」「固定金利」として記載される。

主にチラシやネットで掲載されているのは店頭金利

優遇金利
店頭金利から引き下げられる利率。商品で例えると、店舗での「割引額」にあたる。

各金融機関の条件にあった人が優遇金利を受けられる

店頭金利から優遇金利を引いた利率を適用金利といいます

\ この場合の適用金利 /

店頭金利1.2% － 優遇金利0.5% ＝ 0.7%

「元金均等返済」で返済総額を少なくできる

ローンの返済には元利均等返済と元金均等返済があります。金利の知識が選択に役立ちます。

元利均等返済（がんりきんとうへんさい）と元金均等返済（がんきんきんとうへんさい）ってどう違うんですか？

元利均等返済は、毎月の支払いが元金と利息を合わせた一定の返済額になり、元金均等返済は毎月の支払いのうち元金が一定となるものです。

元金が少なくなれば利息も減るって説明されてましたよね。

ということは、元金均等返済のほうがいいってことですよね？

そうですね。毎月元金を支払うので利息もそれに伴ってどんどん小さくなり、返済総額は少なくなるので、そちらのほうがよいと思います。

注意すべき点はありますか？

はじめの返済額が最も高いので、それによる経済的負担が大きく、借り入れ時の審査もより厳しくなります。

元利均等返済
毎月の支払い額が一定になる返済方法。支払い額をコントロールしやすいが、返済当初は元本が減少しづらい。

元金均等返済
毎月の元金の返済額が一定になる返済方法。元利均等返済に比べて返済総額は少なくなるが、当初の支払い金額が比較的高くなりやすい。

審査
ローンやクレジットカードなどをつくる際に行われるもの。取引事実を記した信用情報と借入状況、年齢・配偶・年収などの本人属性を基準に行われる。

元利均等返済と元金均等返済の違い

元利均等返済　　　　　　返済額が一定になる返済方法。

メリット

・収入が少ない時期も
　返済しやすくなる

デメリット

・返済期間が同じなら
　返済総額が多くなる
・当初は元金が減りづ
　らい

➡ 返済額は多くなるが返済の負担を一定に留められる

元金均等返済　　　　　元金の返済額は一定で、利息が減少して
　　　　　　　　　　　いく返済方法。

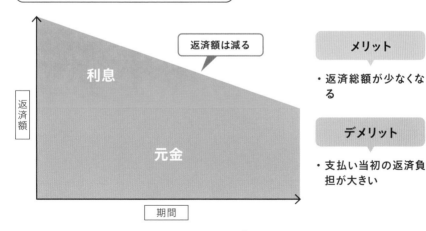

返済額は減る

メリット

・返済総額が少なくな
　る

デメリット

・支払い当初の返済負
　担が大きい

➡ 当初の支払いに余裕があれば元金均等返済を選択する

固定金利期間選択型の
メリットは？

変動金利型、全期間固定金利型などの種類がある住宅ローン。固定金利期間選択型を知ると選択肢が広がります。

住宅ローンを見ていると変動金利型と全期間固定金利型、固定金利期間選択型がありますが、どれがいいんですか？

前提として、変動型は市場金利の変化の影響を受ける住宅ローンです。固定型はそういった影響は一切受けず、常に一定の利率です。選択型は借入当初から一定期間金利が固定され、期間が終了すると変動型か選択型を選べます。

いちばんラクそうなのは固定型ですね。

ええ。ですが、固定型は利率が高い傾向にあるのです。そのため、**選択型を選ぶ**人も多くいます。

もう少し詳しく教えてください！

選択型は、固定型と変動型の利点を受けやすい制度です。固定型のときは支払い額が一定になり、変動型に切り替わった後は、変動金利が固定金利より低ければ返済の負担を軽減できます。

変動金利型
半年に一度、金利が見直される。3種類のなかでは最も低金利。単に変動型ともいう。

全期間固定金利型
返済が完了するまで一定の金利が適用されるもの。単に固定型ともいう。

**固定金利期間
選択型**
一般に2年、3年、5年、10年、15年、20年などの複数種類から選択することができる。期間が長いものほど金利は高い。単に選択型ともいう。

固定金利期間選択型のイメージ

固定金利期間選択型は、返済期間のうち一定の期間だけ固定金利を適用できる。ローンを組む際に、何年間固定金利を適用するかを決められる。

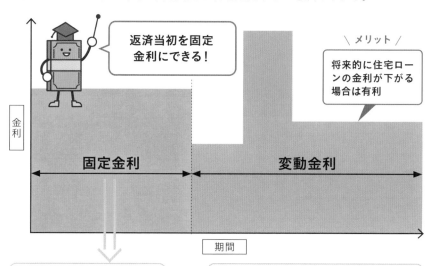

返済当初を固定金利にできる！

＼ メリット ／

将来的に住宅ローンの金利が下がる場合は有利

金利

固定金利

変動金利

期間

固定金利期間を設定

2年、3年、5年、10年などから任意の期間を設定できる。2年間を選んだら、最初の2年間は金利が一定になる

固定金利期間が終わったら……

①変動金利に移行する
②固定金利か変動金利を再び選択できる

※商品によって①か②かが異なる。②で固定金利を選んだ場合、選択時点の金利が適用される

固定金利期間選択型に向いている人

＼ 一定期間だけ支出を固定したい ／
出産・進学などを控える人

子どもの出産、進学などまとまった資金が必要な予定がある場合、最初だけ固定金利にすることで支出を管理しやすくなる

変動金利に切り替えた後に、金利が上昇する可能性があることも忘れずに！

ローン④

アドオン方式は×！
実質年率方式で計算する

利息の計算方法のうちの一種であるアドオン方式。ローン
を組むときに出てきたら注意しましょう。

 ローンについて調べていると、実質年率
やアドオン方式という言葉をよく目にす
るんですが、これはなんですか？

 2つともローンの利息計算の方法を表し
ていますが、法律では実質年率方式での
表記が義務付けられています。

 えっ、どうしてですか？

 アドオン方式は借入金額に対してあらか
じめ利息をつけ、それを分割して支払い
ます。すると、実際に支払う利息が実質
年率方式より高くなってしまうためです。

 どういうことでしょうか……？

 まず、利息というのは借りた元金によっ
て決まります。実質年率方式では返済す
るたびに利息が小さくなっていくのです
が、アドオン方式では常に最初の借入金
額に対する利息を払い続けるんですね。
そのため、支払総額が大きくなってしま
うんですよね。

アドオン方式

利息の表示方法のひと
つ。元本に対して「上
に 載 せ る（add-on）」
という言葉に由来す
る。現在は割賦販売法
で表示が禁じられてい
る。

実質年率方式

現在用いられている利
息の計算方法。「年利」
は一般にこれを意味す
る。借入残高が減少す
れば、利息も減少して
いく。

利息の計算方法の違い

実質年率方式

借り入れた金額の残高に応じて利息が決まる。徐々に利息が減少するよう計算される。

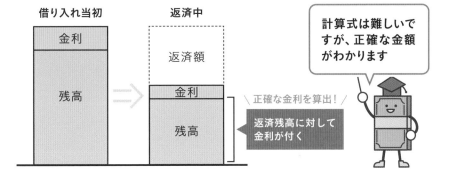

借り入れ当初　　　返済中

金利

残高

返済額

金利

残高

\ 正確な金利を算出！ /

返済残高に対して金利が付く

計算式は難しいですが、正確な金額がわかります

アドオン方式

借り入れ額全体に対して利息が決まる。消費者に正しい利息を提示できない。

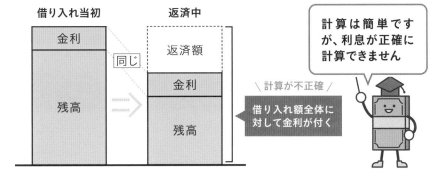

借り入れ当初　　　返済中

金利

残高

同じ

返済額

金利

残高

\ 計算が不正確 /

借り入れ額全体に対して金利が付く

計算は簡単ですが、利息が正確に計算できません

知っておかないとトラブルに巻き込まれそうですね

法律では実質年率方式での表記を義務付けていますが、アドオン方式で表示する業者も多く、消費者トラブルの原因にもなっています

金利を使ったお得な選択
希望に適した 金利プランを選ぶ

Q **2人の希望に沿う 住宅ローンのプランはどれ？**

宮野さんと竹田さんが住宅ローンを組むならば、どんなものが合っているかを考えてみてください。

竹田さんは、今後数年間、大きな支出が重なるため、直近の金利は低く抑えたいと考えています。

それに対して宮野さんは、子どもが小学校に上がるまでは家計を厳密に管理し、支出を安定させたいと考えています。

どのプランが、彼らのローン計画に適しているでしょうか。

2人の意向と金利プラン

少なくとも目先の数年間は低い金利で返済したい

竹田さん

変動金利型

・最も低金利（0.3％～ 0.4％台が多い）
・繰り上げ返済を利用して早めの完済ができる
・返済額上昇のリスク、金利情報の随時チェック

子どもが小学校にあがるまでは支出を安定させて、その後は支出を抑えたい

宮野さん

全期間固定金利型

・返済額に変化がなく、安心できる
・金利が高め（1％～ 2％程度）

固定金利期間選択型

・一定期間の金利を固定できる
・固定金利終了時に変動型か固定型かを選べる
・固定金利の開始時の金利は変動する

竹田さんが変動金利型、
宮野さんが固定金利期間選択型

竹田さんは、直近の金利を低く抑えたいという希望があります。左ページの条件では、変動金利のほうが金利が低いため、竹田さんには変動金利がよいと判断できます。

ただし、変動金利を選ぶ場合は、将来的に金利動向が上昇しないかを検討する必要があります。

一方、宮野さんには固定金利期間選択型が適しているといえるでしょう。子どもが小学校に入学するまでは固定金利を適用させて支出を計算しやすくし、その後は変動金利を適用させます。

家計管理・支出の予定に注目！

目先の金利を抑えられた！

変動金利型
相場に合わせて金利が変動する方式

➡ P184をおさらい！

支出をコントロールできて安心

固定金利期間選択型
一定期間だけ固定金利が適用される方式

➡ P184をおさらい！

変動金利で契約した後に固定金利に変えられますか？

その場合は住宅ローンの借り換えを行うことになりますが、数十万円のコストがかかります。金利の総額と借り換えのコストを比較・検討しましょう

索引

監修者紹介

森永康平 （もりなが　こうへい）

証券会社や運用会社にてアナリスト、ストラテジストとして日本の中小型株式や新興国経済のリサーチ業務に従事。業務範囲は海外に広がり、インドネシア、台湾などアジア各国にて新規事業の立ち上げや法人設立を経験し、事業責任者やCEOを歴任。日本証券アナリスト協会検定会員。経済産業省「物価高における流通業のあり方検討会」委員。著書は『親子ゼニ問答』（角川新書）、『スタグフレーションの時代』（宝島社新書）など多数。

STAFF

カバーデザイン／喜來詩織（エントツ）
カバーイラスト／山内庸資
本文デザイン／坂本達也（株式会社元山）
DTP／竹崎真弓
　　　（株式会社ループスプロダクション）、
　　　佐藤修
本文イラスト／平松慶
校正／伊東道郎
編集協力／金丸信丈、榎元彰信
　　　（株式会社ループスプロダクション）

0からわかる！
金利＆為替超入門

2024年1月9日　初版第1刷発行
2024年5月7日　初版第3刷発行

監修　　森永康平
発行人　片柳秀夫
編集人　平松裕子
発行　　ソシム株式会社
　　　　https://www.socym.co.jp/
　　　　〒101-0064　東京都千代田区神田猿楽町1-5-15 猿楽町SSビル
　　　　TEL：(03) 5217-2400（代表）
　　　　FAX：(03) 5217-2420
印刷・製本　株式会社暁印刷

定価はカバーに表示してあります。
落丁・乱丁本は弊社編集部までお送りください。送料弊社負担にてお取替えいたします。
ISBN978-4-8026-1446-7　©Kouhei Morinaga 2024,Printed in Japan